本书为2010年度北京市优秀人才培养资助项目（D类）“农产品质量安全监管的法经济学研究（以北京为例）”的研究成果（项目编号：2010D005021000004）

农产品质量安全治理难题与法律对策

龚刚强 著

知识产权出版社
全国百佳图书出版单位

图书在版编目（CIP）数据

农产品质量安全治理难题与法律对策/龚刚强著．—北京：知识产权出版社，2014.12

ISBN 978－7－5130－3199－8

Ⅰ.①农…　Ⅱ.①龚…　Ⅲ.①农产品—质量管理—安全管理—产品质量法—研究—中国　Ⅳ.①D922.44

中国版本图书馆CIP数据核字（2014）第280407号

内容提要

本书从已经颁布的立法、设立的监管机构、实践中运行的机制、近年来出现的相关事件的处理方式等方面入手，系统梳理当下我国农产品质量安全监管法律制度的功能和存在的问题，结合国外的经验提出对策与建议，探寻农产品质量安全问题的“治本”之道。

责任编辑：刘雅溪　　**责任出版**：孙婷婷

责任校对：谷　洋

农产品质量安全治理难题与法律对策

NONGCHANPIN ZHILIANG ANQUAN ZHILI NANTI YU FALÜ DUICE

龚刚强　著

出版发行：	知识产权出版社有限责任公司	**网　　址**：	http：//www.ipph.cn
社　　址：	北京市海淀区马甸南村1号	**邮　　编**：	100088
责编电话：	010－82000860转8128	**责编邮箱**：	caihong@cnipr.com
发行电话：	010－82000860转8101/8102	**发行传真**：	010－82000893/82005070/82000270
印　　刷：	北京中献拓方科技发展有限公司	**经　　销**：	各大网上书店、新华书店及相关专业书店
开　　本：	787mm×1092mm　1/16	**印　　张**：	12.75
版　　次：	2014年12月第1版	**印　　次**：	2014年12月第1次印刷
字　　数：	170千字	**定　　价**：	42.00元

ISBN 978-7-5130-3199-8

CONTENTS

目 录

绪　论

一、农产品质量安全是食品安全的基础

农产品，顾名思义，就是来源于农业的初级产品，根据《中华人民共和国农产品质量安全法》（以下简称《农产品质量安全法》）的界定，农产品是指在农业活动中获得的植物、动物、微生物及其产品。

农产品种类众多、用途广泛，但最大的用途还是为人们提供食物。也就是说，绝大部分农产品属于食品，即“食用农产品”。食用农产品一方面是食品的重要组成部分，提供了包括粮食、蔬菜、水果、肉、蛋、奶等在内的主要食物来源；另一方面也是所有再加工食品的原料。因此，其质量安全构成了食品安全的基础。本书研究的农产品质量安全问题主要是指食用农产品的质量安全问题。

当前我国农产品质量安全状况令人担忧，已经成为近年来社会各界持续关注的热点问题。那么，究竟是什么原因导致了农产品质量安全问题难以解决？

二、农产品质量安全的影响因素：技术、市场与法律

（一）技术

从直接原因来看，像很多问题一样，农产品质量安全问题是由工业和科学技术的发展带来的，可以说是生活在现代社会的人们必然要面对的风险。

在古代社会里，人们的生产技术水平低，农产品质量安全问题基本不存在。无论是采集、狩猎、捕捞，还是种植和饲养，农产品都是在纯粹自然的环境资源和生产方法下取得的，除了其自身天然具有的某些毒害性之外，基本上没有什么人为原因增加的毒害性。而现代社会则不然，工业和科学技术的发展对农业生产带来巨大的冲击和改造，农产品的生长环境和生产方法已经渗入太多的人为干扰，从而引发了农产品质量安全问题。其中，影响最大的因素有环境污染、转基因生物技术、农业投入品（农药、兽药、饲料等）的使用等。

环境污染造成农产品中的重金属等有毒有害物质残留或物种变异。转基因生物技术由于对生物遗传的强烈人为干预而引发了人们对其安全性的担忧。而农业投入品的使用则是影响农产品质量安全的最直接、最普遍因素。农业投入品因为能够提高农产品的产量或者某方面的品质而在农业生产中被日益广泛地使用，由此也带来被滥用的问题。特别是在当前我国农业生产中，存在过量使用农业投入品、超出合理范围和方法使用农业投入品、使用禁止用于农业投入品的有毒有害物质（如“瘦肉精”）等比较突出的问题，影响农产品质量安全。而且，这些具有质量安全问题的农产品在销售环节

又缺乏足够的检测（检验）把关，最终一路绿灯地流入市场，上了消费者的餐桌。

科学技术特别是农业投入品的滥用虽说是影响农产品质量安全的直接因素，但是如果我们进一步追问，又是什么原因导致了这种滥用？

（二）市场

现代社会的农产品质量安全问题从直接原因来看是科学技术发展带来的，从深层原因来看则是市场经济的产物。

市场经济建立在发达的商品交换和社会分工基础之上，它与古代社会占主导地位的自给自足的自然经济相比，最明显的不同之处在于普遍性的生产经营者与消费者分离。生产经营者生产和销售商品主要不是为了自己消费，而是给别人消费。这样，生产经营者便天然缺乏对所生产和销售的商品的质量安全进行自我约束的内在动力。

我国的农产品生产已经进入商业化时代，对农产品的主要生产者——农户来说，所生产的农产品已经不是为了自己吃，而是卖给别人吃。大型农业企业更是如此。因为是别人吃而不是自己吃，农产品生产经营者便缺乏内在的动力来真正关心所生产的农产品的质量安全。在我国很多地方都存在这样一种现象：生产某种农产品的人自己“不吃这个东西”；或者把所生产的农产品分为“卖给别人吃的”与“留给自己吃的”两部分，自己吃的那部分比较注意，不用或少用农药等农业投入品，卖给别人的那一部分则不会注意，甚至是肆无忌惮、毫无道德底线地滥用农业投入品和其他有毒有害物质。

例如，我国×省××市是著名的蔬菜种植基地，所种植的蔬菜销往全国各地，很多还贴着“无公害”“绿色”“有机”等认证标识。然而当地菜农却不吃自己大棚里种的菜，而是单独留一个菜园子供自家人食用。当地甚至还流传着这样一句顺口溜：“要想死得快，就吃××菜。”

按照亚当·斯密等经济学家对市场机制“看不见的手”的功能的分析，虽然生产经营者直接追求的是自己的利益，但是在“为别人而生产（服务）”的社会分工和商品交换中，只有实现了别人的利益，才能实现自己的利益；只有更多更好地实现别人的利益，才能更多更好地实现自己的利益。因此，如果农产品生产经营者具有足够的理性，知道生产、销售质量安全的农产品可以赢得消费者的信任，获得市场声誉，可以实现更长远的利益，那么就会做好自我约束。但是，这只是理想状态下市场机制的功能。现实中，很多农产品生产经营者考虑的不是长远利益，而是短期利益，市场机制“看不见的手”的功能便因此失灵。农产品生产经营者生产和销售具有质量安全问题的农产品（以下简称“劣质农产品”），没有实现消费者的利益乃至损害了消费者的利益（不符合质量要求，甚至产生额外损害），却能够实现自己的利益（获利）。这是什么原因造成的？

由于农产品生产经营者生产和销售的劣质农产品不供自己食用，其质量安全问题所造成的直接损害也就不由自己承担，而是由消费者承担。这种损害对生产经营者而言是一种外部成本，如果它们不能通过市场价格机制转化为生产经营者自己的成本（内部化），生产经营者就不会对质量安全问题进行自我约束。这正是问题的根源所在。

为什么这种外部成本不能通过市场价格机制内部化？因为在农产品的生产经营者与消费者之间存在“信息不对称”——消费者在购买农产品时不知道该农产品存在质量安全问题；或者虽然知道，但是不能靠自己的能力进行甄别。造成“信息不对称”的原因在于农产品质量安全信息具有比较高的技术含量，靠肉眼一般难以直接分辨，需要借助一定的检测手段，而普通消费者缺乏这种能力。

“信息不对称”导致了生产经营者生产和销售劣质农产品给消费者造成的损失不能通过市场价格机制转化为生产经营者自己的损失，生产经营者因此也就不会对质量安全问题进行自我约束，市场机制“看不见的手”的自发调节在此失灵。要想解决这一问题，还需要借助政府和法律这只“看得见的手”。

（三）法律

政府和法律的作用在于弥补“市场失灵”，其核心是把生产经营者生产和销售劣质农产品造成的损害转化为生产经营者自己的损失，即“外部成本内部化”，这样才能使生产经营者进行自我约束。政府和法律作用的方式主要有两种：第一种方式是恢复市场价格机制的功能，依靠市场价格机制将外部成本内部化；第二种方式是通过强制干预，直接将外部成本内部化。

对于第一种方式来说，由于是“信息不对称”导致了市场价格机制的失灵，因此政府和法律的作用在于矫正“信息不对称”，恢复市场价格机制的功能。

这方面的措施包括：强制要求生产经营者对所生产和销售的农产品的质量安全信息进行披露，对农产品质量安全风险进行监测和评估，制定农产品质量安全标准，对市场上的农产品进行质量安全检测，发布农产品质量安全信息，建立生产经营者信用体系等。通过这些措施，可以降低消费者获取农产品质量安全信息的成本，便于消费者进行选择、甄别。

然而这些措施的实施本身也需要耗费一定的成本（人、财、物），如果成本比较高，将会阻碍其实施；而且，消费者获取农产品质量安全信息的成本不可能被降至零。因此，即使这些措施得以实施，也并不能完全解决“信息不对称”问题，仍然会有相当多的普通消费者碍于信息成本而在购买农产品时不能或者懒得进行甄别，市场失灵依然会存在。

对于第二种方式来说，通过强制干预直接将外部成本内部化，主要是让生产和销售劣质农产品的生产经营者承担法律责任。

生产经营者生产和销售劣质农产品，直接给消费者造成了损害，对此，可以通过让生产经营者承担民事责任（退货、赔偿损失等）的方式将这种损失内部化为生产经营者自己的损失。生产经营者生产和销售劣质农产品也给社会造成了损失（比如，增加了医疗服务体系的负担，增加了政府及其他社会主体的管理、监督、预防成本等），对此，可以通过让生产经营者承担行政责任（行政处罚）或刑事责任的方式，将之内部化为生产经营者自己的损失。此外，对于那些没有追究生产经营者民事责任的消费者的损失，也可以通过行政责任（行政处罚）或刑事责任的方式将之内部化为生产经营者自己的损失。这样，通过让生产经营者承担法律责任，使其承受损失，其生产和销售劣质农产品的外部成本就会转化为内部成本，当成本超过收益时，生产经营者就会进行自我约束，不去生产和销售劣质农产品。

但是，法律责任的这种功能的发挥有赖于法律责任能够得到充分、有效的落实。而法律责任的实施本身也需要耗费一定的成本，当这种成本很高时，将会阻碍法律责任的实施。对于民事责任来说，消费者进行索赔的过程会耗费一定的时间、精力、金钱等，如果这些成本高于受到的损失，消费者就没有动力去索赔，从而使民事责任得不到落实。对于行政责任（行政处罚）和刑事责任来说，其落实依赖国家执法机关及其工作人员的行为，容易存在实施动力不足或执法者利用权力“寻租”等问题。为克服这种缺陷，需要另外一套针对执法者的行政责任（行政处分）和刑事责任来督促，后者同样也具有这种缺陷。因此，又需要再一套责任来督促……这样，长效实施机制的成本最终将会变得非常高。

法律责任的实施成本是客观存在的，虽然可以采取一定的措施予以降低，但不可能降至零，因此，很多法律责任仍然会存在不能落实的情况，这会使得生产和销售劣质农产品的生产经营者逃脱制裁，其行为也就得不到约束。

从以上分析可以看出，农产品质量安全问题从直接原因来看是科学技术发展带来的，但是从深层原因来看则是市场经济带来的。在农产品的生产经营者与消费者分离的情况下，生产经营者生产和销售具有质量安全问题的农产品所造成的损害不由自己承担，是一种外部成本，由于存在“信息不对称”，这种损害不能通过市场价格机制转化为生产经营者自己的损失，为此，需要通过政府和法律之手恢复市场价格机制的功能，或者直接将这种损害转化为生产经营者的损失。但是，法律的实施也需要耗费一定的成本，当实施成本比较高时，法律的作用也难以充分发挥，从而会导致生产和销售劣质农产品的行为得不到市场或法律的惩罚，致使生产者铤而走险甚至肆无忌惮地生产和销售劣质农产品。这就是农产品质量安全问题不断出现并难以解决的原因。接下来，本书将对这些问题进行仔细分析，并寻求解决对策。

第一章 农业投入品滥用问题

第一节 农业投入品滥用：影响农产品质量安全的直接因素

全国人民代表大会常务委员会执法检查组《关于检查〈中华人民共和国食品安全法〉实施情况的报告》指出："近年来的食品安全案件，大多发生在食品生产源头和初加工环节。如在畜禽饲养过程中滥用饲料添加剂，非法使用'瘦肉精'等；在食品生产加工过程中，用非食品原料加工食品，滥用增白剂、保鲜剂、食用色素等。"

从近年来我国各地发生的食品安全事件来看，食品安全问题的源头和公众对食品安全问题的担忧主要集中在两大领域：一是食品加工过程中滥用食品添加剂和非法添加物；二是食用农产品生产过程中滥用农业投入品和其他有毒有害物质。

农业投入品是指在农产品生产过程中使用或添加的物质，包括肥料、农药（含植物生长调节剂）、兽药（含兽医器械）、饲料和饲料添加剂等。它们是现代农业科技的产物，在提高农产品的产量或者某方面品质的同时，也带来了一定的质量安全风险。农业投入品的滥用，正是危及农产品质量安全的直接因素。因此，对农业投入品的生产和使用进行有效监管，防范农业投入品滥用，是从源头上治理农产品质量安全和食品安全问题的重要任务。

对农业投入品的生产和使用，我国已经有一套比较完善的立法体系。

《中华人民共和国食品安全法》（以下简称《食品安全法》）第35条规定："食用农产品生产者应当依照食品安全标准和国家有关规定使用农药、肥料、生长调节剂、兽药、饲料和饲料添加剂等农业投入品。食用农产品的生产企业和农民专业合作经济组织应当建立食用农产品生产记录制度。县级以上农业行政部门应当加强对农业投入品使用的管理和指导，建立健全农业投入品的安全使用制度。"

《农产品质量安全法》第21条规定："对可能影响农产品质量安全的农药、兽药、饲料和饲料添加剂、肥料、兽医器械，依照有关法律、行政法规的规定实行许可制度。国务院农业行政主管部门和省、自治区、直辖市人民政府农业行政主管部门应当定期对可能危及农产品质量安全的农药、兽药、饲料和饲料添加剂、肥料等农业投入品进行监督抽查，并公布抽查结果。"第22条规定："县级以上人民政府农业行政主管部门应当加强对农业投入品使用的管理和指导，建立健全农业投入品的安全使用制度。"第24条规定："农产品生产企业和农民专业合作经济组织应当建立农产品生产记录，如实记载下列事项：（一）使用农业投入品的名称、来源、用法、用量和使用、停用的日期；……”第25条规定：“农产品生产者应当按照法律、行政法规和国务院农业行政主管部门的规定，合理使用农业投入品，严格执行农业投入品使用安全间隔期或者休药期的规定，防止危及农产品质量安全。禁止在农产品生产过程中使用国家明令禁止使用的农业投入品。”

此外，国务院还制定了《农药管理条例》《兽药管理条例》《饲料和饲料添加剂管理条例》等专门的行政法规，对农业投入品的生产和使用进行了比较详细的规定。农业部等部委也制定了大量相关的配套规章。

然而从现实情况来看，农业投入品滥用问题仍然比较突出。近年来，媒体披露的相关事件持续不断，如“苏丹红鸭蛋事件”“瘦肉精事件”“毒豇豆事件”“毒韭菜事件”等。从这些事件中可以看出，危及农产品质量安全的农业投入品滥用问题主要表现为两大方面：一是农产品生产过程中非法使用农业投入品和其他有毒有害物质；二是农产品销售过程中农业投入品和其他有毒有害物质的残留检测缺失。

一、农产品生产环节非法使用农业投入品和其他有毒有害物质问题

在农产品生产环节非法使用农业投入品和其他有毒有害物质，是农产品质量安全问题的源头。所谓“非法使用”，是指使用禁用、限用的农业投入品或者其他有毒、有害物质，具体来说主要包括两种类型：一是使用禁止用作农业投入品的有毒、有害物质；二是未按照规定的合理使用范围和方法使用农业投入品。

（一）使用禁止用作农业投入品的有毒、有害物质

农业投入品是农业生产中人为添加的物质，很多农业投入品本身具有比较大的毒害性，对人体健康或生态环境具有危害，只不过为了提高农产品的产量或者某方面品质而不得已被用于农业生产。由于其具有毒害性，因此在使用上必须慎重。哪些物质可以用作农业投入品，必须通过政府和法律予以确定，具体来说就是农业投入品登记制度。只有经过登记的，才允许其作为农业投入品来生产、销售和使用。如果未经登记或被撤销登记，则不得作为农业投入品来生产、销售和使用。我国《农药管理条例》《兽药管理条例》《饲料和饲料添加剂管理条例》《肥料登记管理办法》等有关农业投入品的法规对登记制度均有规定。例如，《农药管理条例》第 6 条规定："国家实行农药登记制度。生产（包括原药生产、制剂加工和分装，下同）农药和进口农药，必须进行登记。"第 30 条第 2 款规定："任何单位和个人不得生产、经营、进口或者使用未取得农药登记证或者农药临时登记证的农药。"第 35 条规定："经登记的农药，在登记有效期内发现对农业、林业、人畜安全、生态环境有严重危害的，经农药登记评审委员会审议，由国务院农业行政主管部门宣布限制使用或者撤销登记。"第 36 条规定："任何单位和个人不得生产、经营和使用国家明令禁止生产或者撤销登记的农药。"

农业投入品登记制度可以从源头上保障农业投入品的安全性。一方面，通过登记，国家主管部门可以对农业投入品的生产进行准入控制；另一方面，在登记过程中，一般还需要事先对该农业投入品的安全性进行评价。例如，《农药管理条例》第 9 条规定："国务院农业、林业、工业产品许可管理、卫生、环境保护、粮食部门和

全国供销合作总社等部门推荐的农药管理专家和农药技术专家，组成农药登记评审委员会。农药正式登记的申请资料分别经国务院农业、工业产品许可管理、卫生、环境保护部门和全国供销合作总社审查并签署意见后，由农药登记评审委员会对农药的产品化学、毒理学、药效、残留、环境影响等作出评价。根据农药登记评审委员会的评价，符合条件的，由国务院农业行政主管部门发给农药登记证。”《饲料和饲料添加剂管理条例》第 9 条规定：“国务院农业行政主管部门应当自受理申请之日起 5 个工作日内，将新饲料、新饲料添加剂的样品和申请资料交全国饲料评审委员会，对该新饲料、新饲料添加剂的安全性、有效性及其对环境的影响进行评审。全国饲料评审委员会由养殖、饲料加工、动物营养、毒理、药理、代谢、卫生、化工合成、生物技术、质量标准、环境保护、食品安全风险评估等方面的专家组成……”

因此，如果未经登记或被撤销登记，则属于被禁止用作农业投入品的有毒、有害物质，其安全性存在问题，不得作为农业投入品来生产、销售和使用。其中，有些物质曾经被用作农业投入品，后来被禁用，如六六六、滴滴涕、甲胺磷、甲基对硫磷等高毒农药❶；有些物质则被明令禁止用于农业投入品，如在饲料中添加的“瘦肉精”（盐酸克伦特罗、莱克多巴胺等）。❷

---

❶ 参见农业部、最高人民法院、最高人民检察院、工业和信息化部、公安部、监察部、交通运输部、国家工商行政管理总局、国家质量监督检验检疫总局、中华全国供销合作总社《关于打击违法制售禁限用高毒农药规范农药使用行为的通知（农农发〔2010〕2 号）》。

❷ 参见农业部、公安部、工业和信息化部、国家工商行政管理总局、国家食品药品监督管理局公告第 1682 号——《关于开展“瘦肉精”和含“瘦肉精”饲料的清查收缴工作有关事项的公告》。

典型案例："苏丹红鸭蛋事件"和"瘦肉精猪肉事件"

1. 苏丹红鸭蛋事件[1]

2006年11月12日，中央电视台播报了北京市个别市场和经销企业售卖来自河北石家庄等地用添加苏丹红的饲料喂鸭所生产的"红心鸭蛋"，并在该批鸭蛋中检测出苏丹红。截至11月14日17时，河北省集中对平山、井陉两个重点养鸭县进行了检查，通过逐户排查，共发现可疑鸭场7个、存栏鸭9000只，查封可疑饲料800公斤、可疑鲜鸭蛋510公斤、可疑咸鸭蛋70公斤。

2. 瘦肉精猪肉事件[2]

2011年3月15日，中央电视台新闻频道播出了"3·15"特别行动——《"健美猪"真相》。节目中，记者调查发现，在南京市建邺区的迎宾市场内有一种肥膘少、脂肪低的猪肉销量非常好，根据猪肉产品检疫合格证上的地址，央视记者找到了位于南京市建邺区沙洲村的一家屠宰场。按照屠宰场工人的指点，记者来到活猪的来源地——河南孟州，在孟州的养猪场内，记者发现养猪户正在向猪饲料里添加瘦肉精。节目中，养猪户称，添加瘦肉精能喂养出肥膘少、脂肪低的"健美猪"。随后，央视记者跟随猪贩一路体验了各个检疫部门大开绿灯，最终使"健美猪"流入市场的全过程。

在这些事件中，鸭场在鸭饲料中添加的"苏丹红"和养猪场在

[1] "苏丹红"鸭蛋事件回放［EB/OL］. http：//www.cqn.com.cn/news/cpkkxbg/109480.html，2007-03-06.

[2] 央视播出"3·15"特别行动 双汇肉肠曝瘦肉精黑幕［EB/OL］. http：//www.21food.cn/html/news/13/622543.htm.

猪饲料中添加的“瘦肉精”，均属于禁止用作饲料和饲料添加剂的有毒有害物质。

（二）未按照规定的合理使用范围和方法使用农业投入品

由于农业投入品本身具有一定的毒害性，即使经过了登记，可以生产和销售，在使用时仍然需要合理使用。所谓“合理使用”，是指按照规定的合理使用范围和方法使用。如何确定合理使用范围和方法？这主要依据两个方面的规定：一是国家的法规、标准等对农业投入品的使用范围和方法所作的规定；二是该农业投入品的标签、说明书等对合理使用范围和方法的规定。

《农药管理条例》《兽药管理条例》《饲料和饲料添加剂管理条例》等法规对合理使用农业投入品均有详细的规定。《农药管理条例》第 27 条规定：“使用农药应当遵守国家有关农药安全、合理使用的规定，按照规定的用药量、用药次数、用药方法和安全间隔期施药，防止污染农副产品。剧毒、高毒农药不得用于防治卫生害虫，不得用于蔬菜、瓜果、茶叶和中草药材。”《饲料和饲料添加剂管理条例》第 25 条规定：“养殖者应当按照产品使用说明和注意事项使用饲料。在饲料或者动物饮用水中添加饲料添加剂的，应当符合饲料添加剂使用说明和注意事项的要求，遵守国务院农业行政主管部门制定的饲料添加剂安全使用规范。养殖者使用自行配制的饲料的，应当遵守国务院农业行政主管部门制定的自行配制饲料使用规范，并不得对外提供自行配制的饲料。使用限制使用的物质养殖动物的，应当遵守国务院农业行政主管部门的限制性规定。禁止在饲料、动物饮用水中添加国务院农业行政主管部门公布禁用的物质以及对人体具有直接或者潜在危害的其他物质，或者直接使用上述物质养殖动物。禁止在反刍动物饲料中添加乳和乳制品以外的动物源性成分。"《兽药管理条例》第41条第2~4款规定："禁止在饲料和动物饮用水中添加激素类药品和国务院兽医行政管理部门规定的其他禁用药品。经批准可以在饲料中添加的兽药，应当由兽药生产企业制成药物饲料添加剂后方可添加。禁止将原料药直接添加到饲料及动物饮用水中或者直接饲喂动物。禁止将人用药品用于动物。"

除了法规、标准对农业投入品的使用要求进行规定之外，一种农业投入品在进行登记时也会对其使用范围和方法作出说明，在销售时会通过标签、说明书等进行提示。

在农产品生产环节，如果不遵守法规、标准的要求和标签、说明书的提示，不按照规定的合理使用范围和方法使用，就是一种违法行为，并会由此产生农产品质量安全问题。我国目前在农业生产中存在的不合理使用农业投入品的行为主要有两种：一是过量使用农业投入品，二是超出合理范围使用农业投入品。以农药为例，前者体现为不按照规定的用药量、用药次数、用药方法和安全间隔期施药；后者体现为将剧毒、高毒农药用于蔬菜、瓜果、茶叶和中草药材。

典型案例："毒韭菜事件"[1]

近年来，"毒韭菜事件"在各地不断爆发[2]，但凡在媒体报道之

---

[1] 《中国质量万里行》：香河毒韭菜大肆进京［EB/OL］. http：//news. enorth. com. cn/system/2004/04/29/000776701. shtml，2004-04-29.

[2] 相关报道可参见：青岛出现"毒韭菜"检出1930公斤九人中毒［EB/OL］. http：//news. enorth. com. cn/system/2010/04/10/004590559. shtml，2010-04-10；河南南阳"毒韭菜"事件［EB/OL］. http：//safe. chinafoods. com. cn/News. aspx? id=1198；《中国质量万里行》：香河毒韭菜大肆进京，同注释1。

后，都会引来市民对韭菜的恐慌，并引发韭菜价格暴跌。

所谓“毒韭菜”，是指使用“3911”（甲拌磷，下文简称“3911”）等农药给韭菜灌根（菜农给韭菜浇水采取漫灌方式，通过河渠和地垄直接把水漫进菜地里，在漫灌中，把3911等农药直接或者通过水桶倒进水里，直接渗透到韭菜根部，俗称灌根）。一年中，必须大规模用3911等农药给韭菜灌根两次，一次是开春时，另一次是白露前。

3911是在蔬菜、果树、茶叶、中草药材等作物上限制使用的高毒农药，用其给韭菜灌根是一种违法行为。然而农民们为什么要这样做？说到底还是经济利益使然。菜农的想法是：“一亩韭菜一年用一瓶3911，一瓶17元，这样下来我家8亩地光药钱就得200多元。如果不用3911，用乐斯本（国家允许使用的低毒、低残留农药），每瓶12.5元，它也能杀蛆，但没劲，十几天就得灌一次，算下来，用乐斯本一年一亩地成本要比用3911高出300元左右……一亩韭菜种得好的，能有个5000多元的收入，像我这样没人家会侍弄地，一亩地也就有个2000多元的收入，如果用乐斯本，除去药钱、化肥钱，说不定还赔钱呢！……现在城里人买菜也特讲究，如果韭菜瘦小、发黄，他们就不爱买，我们也卖不上价钱……用3911灌根后，韭菜就会长得很漂亮，也好卖，这也是市场需要呀！”“我们也知道不让用3911，但让用的药不好使呀，就像韭蛆净，10天就得灌一次，太耽误时间了。种韭菜本来就是很麻烦的事，特别是割韭菜时，我们还得花每小时3元请别人来帮忙，哪有那么多时间来灌它呀！……如果市场上有特好使的，国家还让用的，那我们也不会用3911，我们也知道那是剧毒呀，对身体不好。可现在市场上有这种药吗？”

菜农一般都知道这是一种违法行为，因此，在使用和购买农药时往往偷偷摸摸进行。这类农药并不公开售卖，在某一农药门市部里，当记者提出要买瓶3911时，店主不但告诉记者这里不准销售3911，而且还特意强调，他已经有好几年不卖那东西了。记者随后又询问了几家农药店，得到的答复基本相同——都好几年不卖了。为了弄清楚3911的来历，记者来到香河县城。一位出租车司机告诉记者，他曾经给县城里的农药门市部运送过敌敌畏和3911，在他的帮助下，一位农药店工作人员给记者道出了其中的奥妙。原来，一些设在村里的农药店，因为业务的关系与县里的大批发点比较熟，这些大批发点购进3911等剧毒农药后，违规销售给村一级的药店，然后由他们直接对村民销售，这样，3911从这个仓库到那个仓库，市面上一般看不到。村一级的药店对于不认识的村民，是绝对不销售的。这就是记者买不到3911的原因。

在这一事件中，菜农用农药给韭菜“灌根”，就存在两种违法行为：一是在给韭菜漫灌浇水时把3911等农药倒进水里直接渗透到韭菜根部，这种方法是不允许的；二是所使用的3911农药是在蔬菜上限制使用的高毒农药❶，不允许在韭菜上使用。

二、农产品销售环节农业投入品和其他有毒有害物质的残留检测缺失问题

如果说在农产品生产环节非法使用农业投入品和其他有毒有害物质而没有被发现，那么在农产品销售环节还可以通过对其残留的检测

❶ 参见《农业部、最高人民法院、最高人民检察院、工业和信息化部、公安部、监察部、交通运输部、国家工商行政管理总局、国家质量监督检验检疫总局、中华全国供销合作总社关于打击违法制售禁限用高毒农药规范农药使用行为的通知（农农发〔2010〕2号）》。

（检验）来把关。然而从现实情况来看，这种检测却存在诸多缺失，从而导致有质量安全问题的农产品一路绿灯地流入市场，上了消费者的餐桌。

《食品安全法》第28条规定：“禁止生产经营下列食品：……（二）致病性微生物、农药残留、兽药残留、重金属、污染物质以及其他危害人体健康的物质含量超过食品安全标准限量的食品；……”《农产品质量安全法》第33条规定：“有下列情形之一的农产品，不得销售：（一）含有国家禁止使用的农药、兽药或者其他化学物质的；（二）农药、兽药等化学物质残留或者含有的重金属等有毒有害物质不符合农产品质量安全标准的……”《农药管理条例》第38条规定：“禁止销售农药残留量超过标准的农副产品。”《兽药管理条例》第43条规定：“禁止销售含有违禁药物或者兽药残留量超过标准的食用动物产品。”

为此，法律规定了农产品有害物质残留检测制度，包括生产经营者的检测和监管机关的检测。

对于生产经营者的检测，由于我国农产品生产经营者数量众多且分散，法律只对两种生产经营者规定了检测义务：一是农产品生产企业和农民专业合作经济组织；二是农产品批发市场和农产品销售企业。《农产品质量安全法》第26条规定：“农产品生产企业和农民专业合作经济组织，应当自行或者委托检测机构对农产品质量安全状况进行检测；经检测不符合农产品质量安全标准的农产品，不得销售。”第37条规定：“农产品批发市场应当设立或者委托农产品质量安全检测机构，对进场销售的农产品质量安全状况进行抽查检测；发现不符合农产品质量安全标准的，应当要求销售者立即停止销售，并向农业行政主管部门报告。农产品销售企业对其销售的农产品，应当建立健全进货检查验收制度；经查验不符合农产品质量安全标准的，不得销售。”

然而从现实情况来看，生产经营者并未认真履行检测义务。以超市为例，很多超市并不进行检测，而是让供货方提供无农药残留证明；[1] 或者虽然进行检测，但是即使检测结果是农药残留比例超标，也仍然标注“合格”[2]。即使是大型连锁超市，也并未认真进行检测，有的超市卖的蔬菜农药残留比农贸市场还高。例如，绿色和平组织 2009 年发布的调查报告显示：在上海易初莲花（正大店）选取的 5 个样品均检出 3 种以上农药残留，检出率为 100%，其中 2 个还测出了国家禁用农药；而上海浦东新区泾东农贸市场选取的 5 个样品中，一种甜玉米没有检出农药残留，农药残留检出率为 80%，也没检出禁用农药；在广州华润万家超市购买的 10 个品种中，农药残留检出率为 100%，2 个品种含有国家禁用或高毒性农药；而在广州越秀区梅花村街东园肉菜市场购买的 5 个果蔬中，只有 3 个样品检测出农药残留，检出率为 60%。[3]

对于监管机关的检测，《农产品质量安全法》第 34 条规定：“国家建立农产品质量安全监测制度。县级以上人民政府农业行政主管部门应当按照保障农产品质量安全的要求，制定并组织实施农产品质量安全监测计划，对生产中或者市场上销售的农产品进行监督抽

---

[1] 超市果蔬农药残留再现：检测漏洞长期存在［EB/OL］. http://business.sohu.com/20110908/n318707261.shtml，2011－09－08.

[2] 农残检测超标超市自封“合格”［EB/OL］. http://www.changjiangtimes.com/2012/05/390117.html，2012－05.

[3] 沃尔玛超市一颗草莓上检测出 13 种农药残留［EB/OL］. http://finance.sina.com.cn/consume/puguangtai/20090424/17306148079.shtml，2009－04－24.

查。监督抽查结果由国务院农业行政主管部门或者省、自治区、直辖市人民政府农业行政主管部门按照权限予以公布。监督抽查检测应当委托符合本法第35条规定条件的农产品质量安全检测机构进行，不得向被抽查人收取费用，抽取的样品不得超过国务院农业行政主管部门规定的数量。上级农业行政主管部门监督抽查的农产品，下级农业行政主管部门不得另行重复抽查。”然而监管机关的检测人员和设备毕竟有限，面对每天如此众多的农产品，也难免会出现监督抽查不到位的情况。

典型案例：“药茄子事件”[1]

安徽和县是全国无公害蔬菜生产示范基地，蔬菜种植面积近50万亩，每天都有成千上万斤的蔬菜从这里运往周边的南京、马鞍山等地。记者近日在这里采访发现，一些菜农在对蔬菜施药过程中缺乏科学指导，擅自滥施药物，直接导致了蔬菜农药的过量残留。

记者来到和县的乌江镇时，见到了正在茄子田里工作的菜农戴继霞。戴继霞告诉记者，这两天，她家的茄子正在闹虫害，为了图省事，8月21日，她把农药经销商给的联苯菊酯、甲氨基阿维菌素等五六种农药混在一起，一次性打到了茄子田里。在田埂上，记者随机捡起了几个戴继霞打过茄子的农药包装袋，发现这些农药的登记作物并非茄子，而是甘蓝、番茄、茶树、棉花等作物。很显然，戴继霞在农药的使用上属于超范围施用。记者于23日一早又来到了戴继霞家的菜地，看到她和丈夫正在采摘21日刚刚用过农药的茄

[1] 新华纵横：“药茄子”为何能顺利上餐桌［EB/OL］. http：//news. xinhuanet. com/video/2011－08/31/c_ 121937987. htm，2011－08－31.

子，旁边的拖拉机上已经装了几大筐茄子。然而记者发现，在戴继霞使用的联苯菊酯包装上写着，登记作物的安全间隔期分别是7天、4天。

对于这样超范围用药而又完全没有遵守安全间隔期的茄子，在从田间到餐桌的过程中是否要经过农药残留检测呢？记者决定一路追踪戴继霞家的“问题茄子”。23日早上，只见戴继霞夫妇采收完这批茄子后，便将它们拉到了附近的蔬菜批发市场，然后直接批发给了专跑马鞍山市场的蔬菜商贩曹老板，这中间并没经过任何农残检测。

记者：“县里面多长时间过来进行检测?”安徽和县寿富无公害瓜果蔬菜批发市场总经理赵寿富：“检测，一年来个一两次吧，一两次。”记者：“那您看这样能不能把控住食品安全?”赵寿富：“根本把控不了，政府目前没有这个力量，它制止不了。”

23日早上9点，蔬菜商贩曹老板将戴继霞家的茄子运往马鞍山。第二天的凌晨1点半，记者在马鞍山的安民农贸市场见到了正在摆摊的曹老板。记者：“您是什么时候到这边来的?”曹老板：“1点多。”记者：“在路上的时候，从昨天批完菜之后，有没有那边的人过来检测你的菜?”曹老板：“没有。”记者：“刚才到市场里面有没有市场管理人员过来看看你的菜，或者检测你的菜?”曹老板：“没有。”

24日凌晨3点左右，马鞍山香源农贸市场摊贩吴自胜在曹老板处购买了25斤茄子。6点半左右，吴自胜将采购来的茄子搬运到了自己在香源农贸市场的零售点。8点钟，吴自胜便开始了一天的零售生意。记者在香源农贸市场调查了其他几个蔬菜零售摊位，大家一致反映，这里很少有工作人员对蔬菜的药物残留进行检测。马鞍山香源农贸市场菜贩陈大姐说："以前是一个月检测（一次），现在他不来了，他好长时间都不来了。"

至此，菜农戴继霞的茄子历时约30小时，经产地批发市场——销地批发市场——销地农贸市场等3个环节，未经任何农残检测，就一路绿灯地到达了消费者手中。而作为消费者，许多人对此并不知晓。

在这一事件中，菜农不按照合理使用范围和方法使用农药，所生产的茄子，无论是在产地批发市场，还是在销地批发市场和农贸市场，各个环节都没有市场经营者和政府监管部门进行农药残留检测。而这样的事例，其实很平常。

第二节　法律对策

一、严厉打击生产经营禁止用作农业投入品的有毒有害物质的行为

农业投入品滥用是危及农产品质量安全的直接因素，而其中最恶劣的是在农产品生产中使用禁止用作农业投入品的有毒有害物质，包括使用禁用的农药、兽药，在饲料中添加有毒有害化学物质，如"苏丹红""瘦肉精"等。因此，为了从源头上防范农业投入品的滥用，首先需要对生产经营禁止用作农业投入品的有毒有害物质的行为进行严厉打击。

（一）通过“肯定列表”与“否定列表”相结合的方式对禁止用作农业投入品的有毒有害物质予以法律界定

所谓“肯定列表”，是指通过法规明确列出哪些物质可以用作农业投入品。例如，《饲料和饲料添加剂管理条例》第 17 条规定：“禁止使用国务院农业行政主管部门公布的饲料原料目录、饲料添加剂品种目录和药物饲料添加剂品种目录以外的任何物质生产饲料。”《兽药管理条例》第 41 条第 1 款规定：“国务院兽医行政管理部门，负责制定公布在饲料中允许添加的药物饲料添加剂品种目录。”

国务院农业行政主管部门制定公布饲料原料目录、饲料添加剂品种目录和药物饲料添加剂品种目录，国务院兽医行政管理部门制定公布在饲料中允许添加的药物饲料添加剂品种目录，就属于“肯定列表”。

所谓“否定列表”，是指通过法规明确列出哪些物质禁止用作农业投入品。例如，《农药管理条例》第 35 条规定：“经登记的农药，在登记有效期内发现对农业、林业、人畜安全、生态环境有严重危害的，经农药登记评审委员会审议，由国务院农业行政主管部门宣布限制使用或者撤销登记。”《饲料和饲料添加剂管理条例》第 27 条规定：“饲料、饲料添加剂在使用过程中被证实对养殖动物、人体健康或者环境有害的，由国务院农业行政主管部门决定禁用并予以公布。”《兽药管理条例》第 39 条规定：“禁止使用假、劣兽药以及国务院兽医行政管理部门规定禁止使用的药品和其他化合物。禁止使用的药品和其他化合物目录由国务院兽医行政管理部门制定公布。”《兽药管理条例》第 41 条第 2～3 款规定：“禁止在饲料和动物饮用水中添加激素类药品和国务院兽医行政管理部门规定的其他禁用药品。经批准可以在饲料中添加的兽药，应当由兽药生产企业制成药物饲料添加剂后方可添加。禁止将原料药直接添加到饲料及动物饮用水中或者直接饲喂动物。禁止将人用药品用于动物。”

国务院农业行政主管部门宣布限制使用、禁止使用或者撤销登记某种农药，国务院农业行政主管部门公布禁用的饲料、饲料添加剂，国务院兽医行政管理部门规定禁止使用的药品和其他化合物目录，就属于“否定列表”。

需要指出的是，“肯定列表”与“否定列表”在法理上具有不同的性质。“肯定列表”列出哪些物质可以用作农业投入品，除此之外的有毒有害物质则禁止用作农业投入品。“否定列表”则只是突出强调哪些有毒有害物质禁止用作农业投入品，但并不意味着“否定列表”之外的物质均可以用作农业投入品。也就是说，“肯定列表”是基础，“否定列表”只是补充。

我国对农业投入品实行登记制度实际上也是一种“肯定列表”，只有经过登记，才允许其作为农业投入品来生产、销售和使用，凡是未经登记或被撤销登记的有毒有害物质，则不得作为农业投入品来生产、销售和使用。

通过农业投入品登记、农业投入品中允许使用的物质的“肯定列表”、禁止用于农业投入品的有毒有害物质的“否定列表”这三种制度，就可以对禁止用作农业投入品的有毒有害物质做出清晰、完整的法律界定。

（二）对生产经营禁止用作农业投入品的有毒有害物质的行为明确法律责任并严厉查处

在对禁止用作农业投入品的有毒有害物质予以清晰、完整的法律界定的基础上，还需要对生产经营这些物质的行为明确法律责任并予以严厉查处。

对于生产经营禁止用作农业投入品的有毒有害物质的行为的行政处罚，《农药管理条例》《兽药管理条例》《饲料和饲料添加剂管理条例》等法规具有比较明确的规定。

对于生产经营禁止用作农业投入品的有毒有害物质的行为的刑事责任，《中华人民共和国刑法》（以下简称《刑法》）本身的规定不太明确。2002 年 8 月，最高人民法院、最高人民检察院发布了《关于办理非法生产、销售、使用禁止在饲料和动物饮用水中使用的药品等刑事案件具体应用法律若干问题的解释》，对此进行了一定的明确。其中，第 1 条规定："未取得药品生产、经营许可证件和批准文号，非法生产、销售盐酸克仑特罗等禁止在饲料和动物饮用水中使用的药品，扰乱药品市场秩序，情节严重的，依照刑法第二百二十五条第（一）项的规定，以非法经营罪追究刑事责任。"第 2 条规定："在生产、销售的饲料中添加盐酸克仑特罗等禁止在饲料和动物饮用水中使用的药品，或者销售明知是添加有该类药品的饲料，情节严重的，依照刑法第二百二十五条第（四）项的规定，以非法经营罪追究刑事责任。"也就是说，生产经营禁止用作农业投入品的有毒有害物质，情节严重的，依照非法经营罪追究刑事责任。同时，该司法解释第 5 条规定："实施本解释规定的行为，同时触犯刑法规定的两种以上犯罪的，依照处罚较重的规定追究刑事责任。"实践中，对于此类行为，情节非常严重的，有的是以"以危险方法危害公共安全罪"予以定罪处罚，如河南"瘦肉精"案。

需要注意的是，该司法解释针对的是“非法生产、销售禁止在饲料和动物饮用水中使用的药品”，基本只能适用于养殖业。而且，该司法解释有一个缺陷，其第6条规定：“禁止在饲料和动物饮用水中使用的药品，依照国家有关部门公告的禁止在饲料和动物饮用水中使用的药物品种目录确定。”这是一种“否定列表”的方式。如果生产、销售的是国家有关部门公告的禁止在饲料和动物饮用水中使用的药物品种目录以外的物质，而又不是合法登记的农业投入品，并造成严重后果，是否构成犯罪？

对于这些缺陷，最高人民法院、最高人民检察院于2013年4月发布了《关于办理危害食品安全刑事案件适用法律若干问题的解释》，在一定程度上进行了解决。该司法解释第11条规定：“以提供给他人生产、销售食品为目的，违反国家规定，生产、销售国家禁止用于食品生产、销售的非食品原料，情节严重的，依照刑法第二百二十五条的规定以非法经营罪定罪处罚。违反国家规定，生产、销售国家禁止生产、销售、使用的农药、兽药以及饲料、饲料添加剂，或者饲料原料、饲料添加剂原料，情节严重的，依照前款的规定定罪处罚。实施前两款行为，同时又构成生产、销售伪劣产品罪，生产、销售伪劣农药、兽药罪等其他犯罪的，依照处罚较重的规定定罪处罚。”其适用范围扩展至农药、兽药以及饲料、饲料添加剂各领域，而且不限于“否定列表”中的物质，而是“国家禁止生产、销售、使用的”一切物质。同时，该司法解释第20条规定：“下列物质应当认定为‘有毒、有害的非食品原料’……（三）国务院有关部门公告禁止使用的农药、兽药以及其他有毒、有害物质；（四）其他危害人体健康的物质。”

典型案例：生产、销售“瘦肉精”被判刑[1]

2011年7月25日，河南省焦作市中级人民法院公开开庭审理了一起涉“瘦肉精”刑事案件，以犯有以危险方法危害公共安全罪依法对5名被告人当庭作出一审判决。

焦作市中级人民法院审理查明：被告人刘襄、奚中杰明知国家禁止使用盐酸克仑特罗饲养生猪，且使用盐酸克仑特罗饲养的生猪流入市场后会严重影响消费者的身体健康。为攫取暴利，2007年年初，刘襄与奚中杰约定共同投资，研制、生产、销售盐酸克仑特罗用于生猪饲养，其中刘襄负责研制、生产，奚中杰负责销售。被告人肖兵、陈玉伟明知盐酸克仑特罗对人体有害，仍在刘襄研制出盐酸克仑特罗后联系收猪经纪人试用，并向刘襄反馈试用效果好。随后，刘襄大规模生产盐酸克仑特罗，截至2011年3月，共生产2700余公斤，非法获利250余万元。奚中杰、肖兵、陈玉伟负责将刘襄生产的盐酸克仑特罗销售，其中，奚中杰非法获利130余万元，肖兵非法获利60余万元，陈玉伟非法获利约70万元。此外，奚中杰还单独从他人处购进盐酸克仑特罗230余公斤用于销售，非法获利30余万元。刘襄之妻——被告人刘鸿林明知盐酸克仑特罗的危害性，仍协助刘襄进行研制、生产、销售等活动。5名被告人生产、销售的盐酸克仑特罗经过多层销售，最终销至河南、山东等地的生猪养殖户，致使大量使用盐酸克仑特罗勾兑饲料饲养的生猪流入市场，严

---

[1] 河南“瘦肉精”案主犯一审被判死缓，3名当地检疫人员以玩忽职守罪被判有期徒刑［EB/OL］. http：//jrzb. zjol. com. cn/html/2011 -07/26/content_ 989358. htm? div = -1，2011 -07 -26.

重影响了广大消费者的身体健康，并使公私财产遭受重大损失。

焦作市中级人民法院按以危险方法危害公共安全罪，判处被告人刘襄死刑，缓期2年执行，剥夺政治权利终身；判处被告人奚中杰无期徒刑，剥夺政治权利终身；判处被告人肖兵有期徒刑15年，剥夺政治权利5年；判处被告人陈玉伟有期徒刑14年，剥夺政治权利3年；被告人刘鸿林因有重大立功表现，且系从犯，依法对其减轻处罚，判处有期徒刑9年。

在这一案件中，被告人研制、生产、销售盐酸克仑特罗用于生猪饲养，销至河南、山东等地的生猪养殖户，致使大量使用盐酸克仑特罗勾兑饲料饲养的生猪流入市场，严重影响了广大消费者的身体健康，并使公私财产遭受重大损失。其行为构成非法经营罪，同时又构成以危险方法危害公共安全罪，法院依照处罚较重的以危险方法危害公共安全罪对被告人进行了定罪处罚。

二、严格监管和制裁农产品生产环节非法使用农业投入品和其他有毒有害物质的行为

危及农产品质量安全的农业投入品的滥用问题，最直接的表现就是在农产品生产过程中非法使用农业投入品和其他有毒有害物质，包括使用禁止用作农业投入品的有毒有害物质和未按照规定的合理使用范围和方法使用农业投入品，严格监管和制裁这类行为，是治理农业投入品滥用问题的关键。

（一）加强行政监管

对于农产品生产过程中非法使用农业投入品和其他有毒有害物质的行为的行政监管，主要包括3个方面：

（1）要求食用农产品生产者依照食品安全标准和国家有关规定使用农药、肥料、生长调节剂、兽药、饲料和饲料添加剂等农业投入品。对此，《农药管理条例》《兽药管理条例》《饲料和饲料添加剂管理条例》等法规均有详细的规定，前文已述，此不赘言。

（2）要求具有一定规模的食用农产品生产者建立食用农产品生产记录制度。食用农产品生产记录一方面便于追溯，另一方面可以督促生产者认真遵守有关农业投入品使用的规定。由于我国农业生产经营中存在大量的“小农经济”，不可能要求所有的农户均建立食用农产品生产记录制度，因此，只能针对具有一定规模的食用农产品生产者，主要是食用农产品的生产企业和农民专业合作经济组织。《农产品质量安全法》第 24 条规定：“农产品生产企业和农民专业合作经济组织应当建立农产品生产记录，如实记载下列事项：（一）使用农业投入品的名称、来源、用法、用量和使用、停用的日期；（二）动物疫病、植物病虫草害的发生和防治情况；（三）收获、屠宰或者捕捞的日期。农产品生产记录应当保存二年。禁止伪造农产品生产记录。国家鼓励其他农产品生产者建立农产品生产记录。”《乳品质量安全监督管理条例》第 13 条规定：“奶畜养殖场应当建立养殖档案，载明以下内容：（一）奶畜的品种、数量、繁殖记录、标识情况、来源和进出场日期；（二）饲料、饲料添加剂、兽药等投入品的来源、名称、使用对象、时间和用量；（三）检疫、免疫、消毒情况；（四）奶畜发病、死亡和无害化处理情况；（五）生鲜乳生产、检测、销售情况；（六）国务院畜牧兽医主管部门规定的其他内容。奶畜养殖小区开办者应当逐步建立养殖档案。”

（3）县级以上农业行政部门应当加强对农业投入品使用的管理

和指导，建立健全农业投入品的安全使用制度。这需要县级以上农业行政部门认真履行职责，在农产品生产过程中做好监管。

（二）充分发挥刑事责任的威慑作用

对于非法使用农业投入品和其他有毒、有害物质的行为，因为其社会危害性很大，还需要充分发挥刑事责任的威慑作用。

《刑法》（经《刑法修正案（八）》修改）第 143 条规定："生产、销售不符合食品安全标准的食品，足以造成严重食物中毒事故或者其他严重食源性疾病的，处三年以下有期徒刑或者拘役，并处罚金；对人体健康造成严重危害或者有其他严重情节的，处三年以上七年以下有期徒刑，并处罚金；后果特别严重的，处七年以上有期徒刑或者无期徒刑，并处罚金或者没收财产。"第 144 条规定："在生产、销售的食品中掺入有毒、有害的非食品原料的，或者销售明知掺有有毒、有害的非食品原料的食品的，处五年以下有期徒刑，并处罚金；对人体健康造成严重危害或者有其他严重情节的，处五年以上十年以下有期徒刑，并处罚金；致人死亡或者有其他特别严重情节的，依照本法第一百四十一条的规定处罚。"而《刑法》第 141 条规定："生产、销售假药的，……致人死亡或者有其他特别严重情节的，处十年以上有期徒刑、无期徒刑或者死刑，并处罚金或者没收财产。"

最高人民法院、最高人民检察院于 2002 年 8 月发布的《关于办理非法生产、销售、使用禁止在饲料和动物饮用水中使用的药品等刑事案件具体应用法律若干问题的解释》第 3 条规定："使用盐酸克仑特罗等禁止在饲料和动物饮用水中使用的药品或者含有该类药品的饲料养殖供人食用的动物，或者销售明知是使用该类药品或者含有该类药品的饲料养殖的供人食用的动物的，依照刑法第一百四十四条的规定，以生产、销售有毒、有害食品罪追究刑事责任。”

最高人民法院、最高人民检察院于2013年4月发布的《关于办理危害食品安全刑事案件适用法律若干问题的解释》第8条第1款规定：“在食用农产品种植、养殖、销售、运输、贮存等过程中，违反食品安全标准，超限量或者超范围滥用添加剂、农药、兽药等，足以造成严重食物中毒事故或者其他严重食源性疾病的，依照刑法第一百四十三条的规定以生产、销售不符合安全标准的食品罪定罪处罚。”第9条第1款规定：“在食用农产品种植、养殖、销售、运输、贮存等过程中，使用禁用农药、兽药等禁用物质或者其他有毒、有害物质的，依照刑法第一百四十四条的规定以生产、销售有毒、有害食品罪定罪处罚。”

由此可以看出，在食用农产品生产中，如果使用禁止用作农业投入品的有毒有害物质，无论是否发生危害后果，都构成犯罪，即构成生产、销售有毒、有害食品罪；如果未按照规定的合理使用范围和方法使用农业投入品，足以造成严重食物中毒事故或者其他严重食源性疾病的，也构成犯罪，即构成生产、销售不符合安全标准的食品罪。

可以说，对于非法使用农业投入品和其他有毒有害物质的行为，其刑事责任规定得已经比较严厉，关键在于充分落实。

典型案例：使用违禁药品饲养肉牛被判刑[1]

2011年5月，被告人陈林、郝云旺、唐连庆、唐民明知盐酸克

[1] 参见最高人民检察院《关于印发第四批指导性案例的通知》（高检发研字〔2014〕2号 2014年2月20日）（检例第14号）。

伦特罗（俗称“瘦肉精”）属于国家禁止在饲料和动物饮用水中使用的药品而进行买卖，郝云旺从唐连庆、唐民处购买了3箱盐酸克伦特罗片（每箱100袋，每袋1000片）；后陈林从郝云旺处为自己购买了一箱该药品，同时帮助被告人孙建亮购买了一箱该药品。孙建亮在自己的养殖场内，使用陈林从郝云旺处购买的盐酸克伦特罗片喂养肉牛。2011年12月3日，孙建亮将喂养过盐酸克伦特罗片的9头肉牛出售，被天津市宝坻区动物卫生监督所查获。经检测，其中4头肉牛尿液样品中所含盐酸克伦特罗超过国家规定标准。郝云旺、唐连庆、唐民主动到公安机关投案。

2011年12月14日，孙建亮因涉嫌生产、销售有毒、有害食品罪被刑事拘留，2012年1月9日被取保候审，2012年10月25日被逮捕。2011年12月21日，陈林因涉嫌生产、销售有毒、有害食品罪被刑事拘留，2012年1月9日被取保候审，2012年10月25日被逮捕。2011年12月20日，郝云旺因涉嫌生产、销售有毒、有害食品罪被取保候审，2012年10月25日被逮捕。2011年12月28日，唐连庆、唐民因涉嫌生产、销售有毒、有害食品罪被取保候审。

该案由天津市公安局宝坻分局侦查终结后，移送天津市宝坻区人民检察院审查起诉。2012年8月15日，天津市宝坻区人民检察院以被告人孙建亮、陈林、郝云旺、唐连庆、唐民犯生产、销售有毒、有害食品罪向宝坻区人民法院提起公诉。2012年10月29日，宝坻区人民法院一审认为，被告人孙建亮使用违禁药品盐酸克伦特罗饲养肉牛并将肉牛出售，其行为已构成生产、销售有毒、有害食品罪；被告人陈林、郝云旺、唐连庆、唐民明知盐酸克伦特罗是禁止用于饲养供人食用的动物的药品而代购或卖给他人，供他人用于饲养供人食用的肉牛，属于共同犯罪，应依法以生产、销售有毒、有害食品罪予以处罚。在共同犯罪中，孙建亮起主要作用，系主犯；被告人陈林、郝云旺、唐连庆、唐民起次要作用，系从犯，依法应当从轻处罚。被告人郝云旺、唐连庆、唐民在案发后主动到公安机关投案，并如实供述犯罪事实，属自首，依法可以从轻处罚。被告人孙建亮、陈林到案后如实供述犯罪事实，属坦白，依法可以从轻处罚。依照《刑法》相关条款规定，判决如下：被告人孙建亮犯生产、销售有毒、有害食品罪，判处有期徒刑2年，并处罚金人民币75000元；被告人陈林犯生产、销售有毒、有害食品罪，判处有期徒刑1年，并处罚金人民币2万元；被告人郝云旺犯生产、销售有毒、有害食品罪，判处有期徒刑1年，并处罚金人民币2万元；被告人唐连庆犯生产、销售有毒、有害食品罪，判处有期徒刑6个月，缓刑1年，并处罚金人民币5000元；被告人唐民犯生产、销售有毒、有害食品罪，判处有期徒刑6个月，缓刑1年，并处罚金人民币5000元。

一审宣判后，郝云旺提出上诉。2012年12月12日，天津市第一中级人民法院二审裁定驳回上诉，维持原判。

在这一案件中，被告人使用盐酸克伦特罗饲养肉牛并将肉牛出售，该物质是禁止用作农业投入品的有毒有害物质，因此被告人的行为构成了生产、销售有毒、有害食品罪。

三、强化农产品销售环节的农业投入品和其他有毒有害物质残留检测

在市场经济下，销售对生产具有决定作用。如果在农产品销售

环节对农业投入品和其他有毒有害物质的残留进行有效的检测，将不合格的农产品淘汰出局，就会对生产环节非法使用农业投入品和其他有毒有害物质的行为起到很大的制约作用。

（一）强化农产品批发市场和农产品销售企业的检测

农产品批发市场和农产品销售企业（特别是大型超市）是农产品的主要销售渠道，它们具有一定的检测能力，也具有很大的话语权，强化农产品批发市场和农产品销售企业的检测，可以促使其加强进货管理，从而对农产品生产者起到监督制约作用。

《农产品质量安全法》第37条规定："农产品批发市场应当设立或者委托农产品质量安全检测机构，对进场销售的农产品质量安全状况进行抽查检测；发现不符合农产品质量安全标准的，应当要求销售者立即停止销售，并向农业行政主管部门报告。农产品销售企业对其销售的农产品，应当建立健全进货检查验收制度；经查验不符合农产品质量安全标准的，不得销售。"这是法律对农产品批发市场和农产品销售企业的检测义务的规定。农产品批发市场和农产品销售企业如果未认真履行检测义务，将要承担法律责任。

在行政责任（行政处罚）方面，《农产品质量安全法》第50条只规定对农产品批发市场未认真履行检测义务的进行责令改正，处2000元以上2万元以下罚款，而对农产品销售企业的责任则没有规定，可以说是一种漏洞。

在民事责任方面，农产品批发市场和农产品销售企业销售不符合质量安全标准的农产品，首先构成对消费者的违约责任，如果给消费者造成损害，还与生产者一起构成对消费者的侵权责任（连带责任）。对于前者，《中华人民共和国合同法》（以下简称

《合同法》）《中华人民共和国消费者权益保护法》（以下简称《消费者权益保护法》）等法律均有规定。对于后者，《消费者权益保护法》《中华人民共和国侵权责任法》（以下简称《侵权责任法》）等法律均有规定。《农产品质量安全法》对此也有规定，该法第54条规定："生产、销售本法第三十三条所列农产品，给消费者造成损害的，依法承担赔偿责任。农产品批发市场中销售的农产品有前款规定情形的，消费者可以向农产品批发市场要求赔偿；属于生产者、销售者责任的，农产品批发市场有权追偿。消费者也可以直接向农产品生产者、销售者要求赔偿。"然而其只规定了农产品批发市场的责任，没有规定农产品销售企业的责任，可以说是一种漏洞。

在刑事责任方面，最高人民法院、最高人民检察院于2002年8月发布的《关于办理非法生产、销售、使用禁止在饲料和动物饮用水中使用的药品等刑事案件具体应用法律若干问题的解释》第4条规定："明知是使用盐酸克仑特罗等禁止在饲料和动物饮用水中使用的药品或者含有该类药品的饲料养殖的供人食用的动物，而提供屠宰等加工服务，或者销售其制品的，依照刑法第一百四十四条的规定，以生产、销售有毒、有害食品罪追究刑事责任。"这里强调的是销售者"明知"，而且适用于任何形式的销售者，不限于农产品批发市场和农产品销售企业。

（二）加强监管机关对重点禁用、限用物质残留的检测

监管机关负有对农产品销售环节农业投入品和其他有毒有害物质残留进行检测的职责。

按照《农产品质量安全法》第34条的规定，县级以上人民政府

农业行政主管部门负有对市场上销售的农产品进行监督抽查的职责。2013年国务院进行了机构改革，整合了食品安全监管职责，对于食用农产品，在进入批发、零售市场后，由食品药品监督管理部门监督管理。[1]

市场上的农产品数量繁多，而监管机关的检测人员和设备是有限的，即使是抽样检测，也难免会出现检测不到位的情况。因此，为了将有限的资源发挥出最大效率，监管机构应当实行分级分类监管，将重点放在那些常见的和危害较大的禁用、限用物质的残留检测上。为了督促监管机关认真履行职责，对检测不力的问责也必不可少。

典型案例：河南“瘦肉精”案中当地检疫人员以玩忽职守罪被判有期徒刑[2]

2011年7月25日，河南省沁阳市人民法院分别公开开庭审理了一起涉“瘦肉精”刑事案件，以犯有玩忽职守罪依法对3名被告人当庭作出一审判决。

沁阳市人民法院审理查明：被告人王二团、杨哲、王利明作为沁阳市柏香镇动物防疫检疫中心站工作人员，疏于职守，对出县境生猪应当检疫而未检疫，运输工具应当消毒而未消毒，且没有进行“瘦肉精”检测就违规出具《动物产地检疫合格证明》及《出县境动物检疫合格证明》《动物及动物产品运载工具消毒证明》《牲畜1

---

[1] 参见《国家食品药品监督管理总局主要职责内设机构和人员编制规定》。

[2] 河南“瘦肉精”案主犯一审被判死缓 3名当地检疫人员以玩忽职守罪被判有期徒刑［EB/OL］. http://jrzb.zjol.com.cn/html/2011-07/26/content_989358.htm? div=-1，2011-07-26.

号、5号病非疫区证明》，其中，王二团、王利明还委托或默许不具备检疫资格的牛利萍代开证明。3名被告人的行为致使3.8万头未经“瘦肉精”检测的生猪运到江苏、河南等地，造成了极其恶劣的社会影响。

沁阳市人民法院以玩忽职守罪，判处被告人王二团有期徒刑6年，判处被告人杨哲有期徒刑5年，判处被告人王利明有期徒刑5年。

在这一案件中，监管机关工作人员疏于职守，对出县境生猪未认真履行检疫、检测职责，致使3.8万头未经“瘦肉精”检测的生猪运到江苏、河南等地，造成了极其恶劣的社会影响，最后被法院判以玩忽职守罪。

第二章　农产品生产经营者的“机会主义行为”问题

第一节　农产品生产经营者的“机会主义行为”：影响农产品质量安全的内在因素

农业投入品滥用是危及农产品质量安全的直接因素，而如果我们进一步追问——为什么会出现农业投入品滥用，则需要从经济利益动机方面进行分析。

我国的农产品生产已经进入市场经济时代。市场经济建立在发达的商品交换和社会分工基础之上，与自给自足的自然经济不同，其基本特征是生产经营者与消费者分离，生产经营者生产、销售的商品主要不是为了自己消费，而是给别人消费。这样，生产经营者便天然缺乏对所生产、销售的商品的质量安全进行自我约束的内在动力。

亚当·斯密等经济学家在强调市场机制“看不见的手”的功能

时指出：市场主体虽然直接追求的是自己的利益，客观上却满足了别人的利益。这是因为在“为别人而生产（服务）”的社会分工和商品交换中，只有实现了别人的利益，才能实现自己的利益；只有更多更好地实现别人的利益，才能更多更好地实现自己的利益。因此，如果农产品生产经营者具有足够的理性，知道生产、销售质量安全的农产品可以赢得消费者的信任，获得市场声誉，可以实现更长远的利益，那么就会做好自我约束。然而这只是理想状态下市场机制的功能。生产经营者如果考虑的不是长远利益，而是短期利益，就会投机取巧。经济学上称之为“机会主义行为”。

“机会主义”（Opportunism）是美国经济学家威廉姆森提出的一个概念[1]，是指人们在经济活动中具有的一种投机取巧倾向，即行为人为了自己的利益，一有机会就试图破坏规则、钻空子，采用各种不正当手段投机钻营、损人利己。

威廉姆森在分析契约和组织的交易成本时提出了一种“契约人”的行为假定。它不同于传统经济学上的“经济人”或“理性人”假定。“契约人”假定通过两个方面来把握人的行为：机会主义和有限理性。机会主义是一种程度最强烈的自私自利；有限理性是一种中等程度的理性水准，介于强理性和弱理性之间，是一种既想追求利益最大化但又能力有限的状态。笔者在这里将有限理性和机会主义两个假设合二为一，统称“机会主义行为”。这是一种极端自私自利、一有机会就损人利己，同时又理性有限、目光短浅的短期行为。

---

[1] 奥利弗·伊顿·威廉姆森. 资本主义经济制度［M］. 殷毅才，王伟，译. 北京：商务印书馆，2002：71－72. “机会主义”是Opportunism的直译，有的著作翻译为“投机”，笔者认为翻译为“投机取巧”较为恰当，但鉴于“机会主义”在学界基本已成为约定俗成的术语，这里还是沿用此称谓。

完全以机会主义行为生活的人在现实中是极为罕见的。然而在某些领域、某个场合，这样的行为却一直存在。我国当前一些农产品生产经营者毫无道德底线地生产、销售具有质量安全问题的农产品的行为就属此类。可以说，农产品生产经营者的“机会主义行为”正是影响农产品质量安全的内在因素。

一、农业生产经营模式与农产品生产经营者的“机会主义行为”

农产品生产经营者热衷于“机会主义行为”，导致农产品质量安全问题在我国泛滥，与当前我国所处的发展阶段和农业生产经营模式有关，可以说是国情使然。

我国大部分农村地区实行的是土地（包括草地、林地等）承包经营制度，在这种制度基础上的农业生产是一种小农生产方式，相当多的农产品是由极为分散的、数量众多的农民小生产者（粮农、果农、菜农、奶农等）提供，这种农产品生产者的规模比较小，其“资产专用性”的程度比较低。

“资产专用性”是美国经济学家威廉姆森提出的一个概念，是指为了支撑某种交易而进行的耐久性投资。[1] 这些投资属于沉淀成本，并且与该特定交易密切相关，一旦提前终止或改变用途将会变得非常不经济。不同的资产专用性程度将产生不同的激励作用，进而影响行为人的行为策略。一般来说，资产专用性程度越低，越容易发生机会主义行为。也就是说，当发生问题后，如果生产者可以较为

[1] 奥利弗·E·威廉姆森. 资本主义经济制度［M］. 殷毅才，王伟，译. 北京：商务印书馆，2002：83.

迅速地转产（或者逃跑），那么他就会只考虑短期利益，而缺乏基于长远利益的自律。

在小农生产方式下，农产品生产者的资产规模比较小，组织形式简单，其“资产专用性”的程度就比较低，容易为了短期利益而从事机会主义行为，漠视所生产的农产品的质量安全。

要想改变这种情况，必须提高农产品生产者的资产规模，通过规模较大的固定资产和“品牌”等无形资产提高其“资产专用性”程度。当投入巨大，转产和逃跑相对困难或不划算时，一旦发生农产品质量安全问题将会损失巨大，这样就会促使农产品生产者考虑长远利益，做好自我约束。

从我国各地的实践来看，在土地承包经营制度基础上，提高农业生产经营规模的方式主要有土地承包经营权流转、农民专业合作社、“公司＋农户”等模式。然而由于土地承包经营制度下的小农生产方式在我国居于主导地位，这些规模化的农业生产经营模式所占的比重仍然很低，而且，即使在这些生产经营模式下，仍然存在一定的问题。

以“公司＋农户”模式为例，该模式被认为是在不改变土地承包经营制度现状下实现农业生产规模化的有效途径之一。在这种模式下，农户将农产品卖给大型农业或食品企业，由后者进行标准化、品牌化加工，再向消费者销售。该模式本身适合国情，我国很多大型农业或食品企业都采用此模式进行经营和扩张。但是，在该模式下，保障农产品质量安全的一些重要环节并不能完全由大型企业来掌控，一旦监督不到位，或者“睁一只眼闭一只眼”，乃至有意放纵，那么其质量安全问题便与小农生产模式没有什么区别，只不过顶了一个名牌的头衔而已。以“双汇‘瘦肉精’事件”为例，一些由农户养殖的添加了“瘦肉精”的生猪被双汇公司暗中收购，而双汇公司广告宣称的所谓“十八道检验”，其实并不包括“瘦肉精”检测。❶

另外，由于农户过于分散，在公司与农户之间往往会存在一些中介者。这些中介者的行为对农产品质量安全也颇为关键，但他们的资产专用性程度很低，甚至低于农户，也容易出现机会主义行为，从而引发质量安全问题。以“三鹿奶粉事件”为例，其中的直接罪魁祸首就是那些处于乳品企业和奶农之间的中间环节的生鲜乳收购站（“奶贩子”），他们一般设备简单，资产专用性程度不仅大大低于乳品企业，甚至低于奶农。奶农围绕奶牛所做的投入相对于奶农自身财力来说也是非常巨大的，一旦原奶不合格被退回，损失将很大，因此，奶农对原奶的质量还具有一定的自我约束。然而一些“奶贩子”则不同，他们为赚取更大的差价而弄虚作假，甚至兑入三聚氰胺等物质，而一旦出了问题便逃之夭夭，违法成本可谓非常低廉。这种成本与收益极不对称的激励机制，很容易引发机会主义行为。

二、“外部性”与农产品生产经营者的“机会主义行为”

农产品生产经营者进行机会主义行为，除了是为了片面追求短期利益之外，其根本原因在于其所生产、销售的劣质农产品是给别人消费而不是给自己消费，所产生的损害直接由别人承担而不由自

❶ 调查“健美猪”真相：“瘦肉精”猪肉进入济源双汇公司［EB/OL］. http：//news. xinhuanet. com/fortune/2011－03/15/c_ 121188586_ 5. htm，201－03－15.

己承担。

在我国当前就存在这样一种现象：很多农产品生产者不吃自己所生产的农产品；或者在生产过程中区分“留给自己吃的”与“卖给别人吃的”，前者在使用农药、饲料等农业投入品时比较注意，后者则“不管那一套”。比如，菜农、果农会划出一小部分不喷抹或少喷抹农药的菜地、果树，给自己吃；养猪户会养几头不喂“瘦肉精”的猪，给自己吃。

生产、销售劣质农产品所产生的损害由别人来承担，这在经济学上被称为“外部性”。“外部性”（Externalities）或“外部效应”，是指没有通过价格机制反映和协调的利益影响，也就是说，市场机制在此没有发挥作用。“外部性”包括“正外部性”和“负外部性”：前者是指一个人的行为给别人带来好处（收益），而后者并没有给前者付费；后者是指一个人的行为给别人带来害处（成本），而前者并没有给后者付费。

生产、销售“劣质农产品”的行为具有“负外部性”，它会给消费者和社会造成损失。消费者的损失分为两种：一是消费者支付的价款中超出该农产品的效用的部分；二是消费者因为消费了该农产品而遭受的额外损失，包括身体健康损害、精神损害、治疗费用等。前者普遍存在，后者在某些情况下存在。除了消费者的损失之外，生产、销售劣质农产品也会给社会造成损失。比如，会增加医疗服务体系的负担，增加政府及其他社会主体的管理、监督、预防成本，等等。

而这些损失并没有反映在农产品的价格之中，对于生产经营者而言是一种外部成本。他只要“自己不吃那东西”即可，在他之外，

“哪管洪水滔天”。这正是农产品生产经营者漠视质量安全的内在原因。

要想解决“外部性”问题，使农产品生产经营者真正关心质量安全，必须通过某种方式，把生产、销售劣质农产品所带来的损失（外部成本）转化为生产经营者自己的损失（内部成本），即“外部成本内部化”，这样才能促使生产经营者进行自我约束。对此，经济学上有两种理论模式：一是庇古的理论模式，二是科斯的理论模式。

（一）外部成本内部化的“庇古模式”及其问题

庇古是第一个对“外部性”问题进行了系统分析的经济学家。在庇古之前，西奇威克区分了私人边际成本和社会边际成本，指出前者是生产者自己的花费，后者是生产者给社会带来的花费或损害。[1] 马歇尔区分了“内部经济”与“外部经济”。[2] 庇古在马歇尔的“外部经济”概念的基础上，将研究视角从“受到的影响”转向“带来的影响”。庇古指出，“外部性”意味着私人成本或收益与社会成本或收益的不一致，后者高于前者，这种不一致由于没有通过市场定价机制予以反映，因此需要由政府运用税收、财政补贴等手段来矫正（使外部成本或收益内部化）。[3]

按照庇古的理论，“（负）外部性”是市场机制的失灵，需要用政府的强制手段来解决，包括税收、法律责任等，以此来实现外部成本的内部化。

对农产品质量安全问题来说，税收手段不容易采用，因为税收

[1] 布鲁，格兰特．经济思想史［M］．邸晓燕，等，译．北京大学出版社，2008：320.
[2] 马歇尔．经济学原理（上卷）［M］．朱志泰，译．商务印书馆，1997：326.
[3] 庇古．福利经济学［M］．朱泱，等，译．商务印书馆，2006：146，196－209.

要求行为主体能够事先确定，而劣质农产品的生产经营者很难事先确定。因此，更适宜采用的手段是事后的法律责任，包括民事责任、行政责任（行政处罚）、刑事责任等。

民事责任适用于把由确定的消费者负担的外部成本内部化为生产经营者自己的成本，责任方式包括退货、赔偿消费者损失等。行政责任（行政处罚）和刑事责任适用于把由不确定的消费者和社会负担的外部成本内部化为生产经营者自己的成本，责任方式包括对其进行声誉、资格、人身、财产等方面利益的处罚。这样，通过让劣质农产品的生产经营者承担法律责任，使其受到损失，可以将其行为的外部成本转化为内部成本，从而提高生产经营者生产、销售劣质农产品的成本，当其成本超过收益时，生产经营者就会进行自我约束。

庇古的理论从逻辑上说没有问题，但是它没有考虑现实中的一个重要问题，那就是法律责任的实施需要耗费一定的成本，经济学上称之为“交易成本”。

对于民事责任来说，索赔过程会耗费时间、精力、金钱等支出，如果这些成本高于受到的损失，消费者就没有动力去索赔，从而使民事责任得不到落实。

对于行政责任（行政处罚）和刑事责任来说，它的落实依赖国家执法机关及其工作人员的行为，容易存在实施动力不足或执法者利用权力“寻租”等问题。对于那些没有给消费者造成明显的身体伤害的农产品质量安全问题，其数量众多，分布广泛，而国家执法机关的人员和其他执法资源是有限的，很容易出现鞭长莫及、罚不胜罚的情况。对于那些给消费者造成明显的身体伤害的农产品质量安全问题，其社会危害性比较大，对生产经营者的处罚会比较重，自然对生产经营者利益的影响也比较大，因此容易出现生产经营者为了逃避处罚而贿赂执法人员或者执法人员利用权力进行“寻租”等情形，从而导致行政责任（行政处罚）和刑事责任得不到有效落实。为克服这种缺陷，需要另外一套针对执法者的行政责任（行政处分）和刑事责任来督促，而后者同样也具有这种缺陷，因此又需要再一套责任来督促……这样，长效实施机制的成本最终将会变得非常高。为了降低实施成本，我国常常采用各种集中行动式的专项整治，这样做的好处是可以形成规模效应，抑制执法动力不足或权力“寻租”等问题。但是，它无法形成常态机制，从而影响了效果。例如，国务院2004—2007年每年都部署了关于食品安全的专项整治工作[1]，各地也开展了相应的落实行动，然而2008年还是发生了震惊中外的“三鹿奶粉事件”。

（二）外部成本内部化的“科斯模式”及其问题

与庇古的理论不同，科斯的理论把交易成本作为考虑的核心问题。科斯指出：（1）如果交易成本为零，那么只要权利界定清晰，无论将权利配置给哪一方，通过当事人之间协商谈判的后续调整都会达到相同的社会资源配置结果，因此，政府干预不是必要的。（2）如果交易成本不为零，那么权利的初始界定会对效率产生影响，由于通过协商谈判的后续调整只有在带来的产值增长多于交易成本时才能进行，因此，应当将权利界定给能够有利于实现社会资源最大产值的一方，以尽量减少不必要的后续调整以及由此产生的资源

[1] 参见《食品安全专项整治工作方案》（国办发〔2004〕43号）、《2005年全国食品药品专项整治工作安排》（国办发〔2005〕20号）、《2006年全国食品安全专项整治行动方案》（国办发〔2006〕24号）、《2007年全国食品安全专项整治方案》（国办发〔2007〕28号）。

耗费。[1] 这就是所谓的“科斯定理”[2]。这两点分别被称为“科斯定理Ⅰ”和“科斯定理Ⅱ”。

按照科斯定理Ⅰ，如果交易成本为零，那么对于生产、销售劣质农产品的行为，无论法律如何规定，通过生产经营者与消费者之间的后续调整都会达到相同的结果。因此，解决“外部性”问题不一定要通过政府强制干预的方式，而是可以通过降低交易成本，让市场机制自身来解决。在这方面，政府和法律的任务是尽可能地降低交易成本，特别是信息成本，比如强制要求生产经营者进行相关信息的披露、建立生产经营者信用体系等。通过降低信息成本，方便消费者做出选择，使劣质农产品的生产经营者被市场淘汰。

然而交易成本为零的情况在现实中是不存在的，当交易成本比较高的时候，按照科斯定理Ⅱ，通过协商谈判的后续调整只有在带来的产值增长多于交易成本时才能进行。交易成本主要表现为交易时的信息成本和索赔时的诉讼等成本。一方面，当信息成本比较高昂，以致高出劣质农产品带来的损失时，消费者可能没有动力进行认真选择，劣质农产品不会存在卖不出去的问题，这样，生产经营者的外部成本就不会被内部化。另一方面，当诉讼等成本比较高昂，甚至高于消费者的损失时，即使法律规定劣质农产品的生产经营者要赔偿消费者的损失，消费者也可能会不去索赔，这样，生产经营者的外部成本就不会被内部化。前一个问题表明，市场机制这只

---

[1] 罗纳德·哈里·科斯. 社会成本问题［J］//盛洪，陈郁，译校. 企业、市场与法律［C］. 上海：上海三联书店，1990：75－129.

[2] “科斯定理”这一术语据说由斯蒂格勒创造，科斯本人不赞成使用这一术语，他认为这个术语会造成一些误解（“科斯”词条参见新帕尔格雷夫经济学大辞典（第一卷）［Z］. 北京：经济科学出版社，1996：497），但“科斯定理”中的基本内涵是由科斯明确阐发的。

"看不见的手"仍然不能发挥作用；后一个问题与庇古模式的问题一样，表明政府和法律这只"看得见的手"也不能发挥作用。这样，生产经营者生产、销售劣质农产品的外部成本不能被内部化，其"机会主义行为"也就难以解决。

三、"信息不对称"与农产品生产经营者的"机会主义行为"

农产品生产经营者热衷于"机会主义行为"，从直接原因来看是因为其生产、销售劣质农产品所产生的损害是由消费者来承担的，这种损害是一种外部成本，没有通过市场价格机制内部化为生产经营者自己的成本。那么如果进一步追问，为什么这种外部成本不能通过市场价格机制内部化？因为在农产品生产经营者与消费者之间存在"信息不对称"——消费者在购买农产品时不知道该农产品存在质量安全问题；或者虽然知道，但是不能靠自己的能力进行甄别。

（一）农产品生产经营者与消费者之间的信息不对称

"信息不对称"（Asymmetric Information）是指交易活动当事人在信息占有上的不对等状况，即一方掌握着另一方难以获知而又对交易非常重要的信息。

"信息不对称"源于人们在信息占有能力上的不足。俗话说"术业有专攻""隔行如隔山"，社会分工日益细化和专业化的一个后果就是信息的分散性[1]，从而使"信息不对称"成为常态，特别

---

[1] 哈耶克在阐述有限理性（Non - rational，又译"理性不及的"）问题时提出了信息分散理论，强调人们在信息占有上的有限性，有的知识是特定知识，只能由特定主体所拥有。参见：F. A. 冯·哈耶克. 个人主义与经济秩序［M］. 邓正来，译. 北京：生活·读书·新知三联书店，2003：第四章。

是在信息日益复杂和专门化的现代市场经济社会。

“信息不对称”会导致市场约束机制失灵。农产品行业竞争比较充分，较少存在垄断，假如不存在“信息不对称”，消费者对生产经营者生产、销售的农产品的质量安全信息了如指掌，也就不会存在生产、销售劣质农产品的行为，因为劣质农产品不会有人买。然而在农产品生产经营者与消费者之间存在明显的“信息不对称”，因此农产品生产经营者得以把劣质农产品卖给消费者。

造成“信息不对称”的原因在于农产品质量安全信息具有比较高的技术性，靠肉眼一般难以直接分辨，需要借助一定的检测手段，而普通消费者缺乏这种能力。生产经营者则比消费者更清楚所生产、销售农产品的质量安全信息，特别是当各种化学技术、生物技术等被运用于农产品生产时，这种“信息不对称”变得更加严重。

（二）信息成本与消费者的“理性的无知”

在“信息不对称”的情况下，消费者在获取农产品质量安全信息方面面临比较高的成本（搜寻和获取相关信息需要花费的时间、精力等，即信息成本）。按照信息经济学的分析，信息成本是一种沉淀成本，一旦付出便不可收回，即便后来发现不值得投入。[1] 因此，人的大脑在信息成本的投入上天生比较慎重，除非获取某一信息的预期收益大于成本，否则将不会去主动搜寻该信息（但是可以被动获知）。而且，大脑加工处理信息也需要耗费时间和脑力，过度损耗将损害健康，因此，当进行分析和计算所带来的收益小于因此而耗

[1] 肯尼思·阿罗. 信息经济学［M］. 何宝玉，译. 北京：北京经济学院出版社，1989：197－199.

费的时间和脑力时，大脑将倾向于不去思考它。这就是所谓的“理性的无知”❶。

相当多的消费者在购买农产品时具有这种“理性的无知”特征。例如，2011 年 6 月，笔者曾组织学生对北京一些大型超市的消费者进行了随机问卷调查。在问及“您在购买食品时是否仔细看食品包装上的说明?”这一问题时，在收回的 565 份有效答卷中，选择“基本不看”的有 79 份，占 14%；选择“只看保质期”的有 263 份，占 46%；选择“除了看保质期，还看食品的成分和食品添加剂名称”的有 212 份，占 38%；选择“其他”的有 11 份，占 2%。也就是说，60% 的消费者对于食品标识上的信息并不在意。

第二节 法律对策

在农产品生产经营者漠视质量安全问题愈演愈烈的时候，我国出现了另一种现象：有些单位和个人，出于对农产品质量安全现状的忧虑，在城郊租上一块土地，雇用一些农民种植蔬菜、养殖家禽，形成自供或特供基地。❷ 这种回归自然经济的做法，是对市场经济下

---

❶ 当然，这样做也许是大脑的一种本能性机能，而不是“理性思考”的结果，因为在没有思考之前，并不知道思考需要花费的时间和脑力是否会大于思考所带来的收益。这就是所谓的“信息悖论”（Information Paradox）问题。参见：柯武刚，史漫飞. 制度经济学：社会秩序与公共政策［M］. 韩朝华，译. 北京：商务印书馆，2000：64、238.

❷ 张丽华. 国家机关自建农场雇人种菜成风潮 忧虑食品安全［EB/OL］. http://news.sohu.com/20101112/n277564049.shtml，2010－11－12；何冰. 国家机关为保命，开始自建农场［EB/OL］. http://blog.sina.com.cn/s/blog_486bea1a0100k9jl.html；秦嘉. 白领种菜：不是“装逼”是危机［EB/OL］. http://star.news.sohu.com/20101123/n277843890.shtml，2010－11－23.

社会分工不信任之后的“用脚投票”。但是，一方面，它无法形成普遍之势；另一方面，如果它真的具有了普遍性，则无疑是社会发展的一种倒退，因为市场经济相对于自然经济的优越之处就在于发达的社会分工以及由此而带来的更高效率。

那么在市场经济下，如何抑制农产品生产经营者的“机会主义行为”，保障农产品质量安全？这需要动用政府和法律之手，以弥补市场机制的不足。

一、通过适当的市场准入控制促进农业生产经营规模化

农产品生产经营者热衷于“机会主义行为”，这与当前我国农产品生产经营者规模小、产业化程度较低有很大关系。对此，需要通过适当的市场准入控制来促进农业生产经营规模化。

市场准入控制可以通过对农产品生产经营者的规模条件提出要求，提高门槛，同时提高其资产专用性程度，从而使其加强自我约束。

我国目前有些法律法规对某些特定农产品的生产经营规定了市场准入控制。例如，吸取“三鹿奶粉事件”的教训而制定的《乳品质量安全监督管理条例》大大提高了生鲜乳收购站的门槛，规定只能由取得工商登记的乳制品生产企业、奶畜养殖场、奶农专业生产合作社开办，并且必须具备一定的条件，并取得生鲜乳收购许可证。该条例第 20 条规定：“生鲜乳收购站应当由取得工商登记的乳制品生产企业、奶畜养殖场、奶农专业生产合作社开办，并具备下列条件，取得所在地县级人民政府畜牧兽医主管部门颁发的生鲜乳收购许可证：（一）符合生鲜乳收购站建设规划布局；（二）有符合环保

和卫生要求的收购场所；（三）有与收奶量相适应的冷却、冷藏、保鲜设施和低温运输设备；（四）有与检测项目相适应的化验、计量、检测仪器设备；（五）有经培训合格并持有有效健康证明的从业人员；（六）有卫生管理和质量安全保障制度。生鲜乳收购许可证有效期2年；生鲜乳收购站不再办理工商登记。禁止其他单位或者个人开办生鲜乳收购站。禁止其他单位或者个人收购生鲜乳。国家对生鲜乳收购站给予扶持和补贴，提高其机械化挤奶和生鲜乳冷藏运输能力。”

我国某些地方对农产品的生产经营也实行一定的市场准入控制。例如，《北京市食品安全行动计划（2011—2015年）》规定：“严格首都食品市场的准入。……与外埠产地政府共同构建食品安全防控体系，逐步形成食品‘产地要准出、销地要准入、产品有标识、质量可溯源、风险可控制’的全程监控链条。‘十二五’期末，进京农产品种植养殖基地应当是经当地工商部门登记、具有独立法人资格的经济实体或农民专业合作组织，产品附产地证明和检测报告入市。进京蔬菜产品应来自标准化基地，符合无公害蔬菜产地环境条件要求，取得标准化基地证书、省级以上无公害蔬菜资格认证或农业部无公害农产品、绿色食品、有机农产品认证，露地生产面积不低于约33.33公顷（500亩），保护地设施生产面积不低于约13.33公顷（200亩），与北京市场的签约供应量达到年产量的40%以上。进京水产品基地的养殖面积在约33.33公顷（500亩）以上或水产品年产量达到400吨以上，取得无公害以上农产品质量安全认证。进京畜禽产品应来自规模化养殖基地，具备标准化消毒、采光、通风、疫苗储存、无害化处理、动物隔离、兽医诊疗等设施。生猪、肉鸡（鸭）、蛋鸡、肉（奶）牛、肉羊规模化养殖场生产能力分别要达到500头、5000只、3000只、200头、200只以上。”

然而从我国的现实国情来看，只要土地承包经营制度下的小农生产方式继续普遍存在，农产品由极为分散的、数量众多的农户生产的局面在短期内就难有较大改变。因此，市场准入控制不可能太普遍，门槛也就不可能会太高，相应效果也会大打折扣。对于那些极为分散、数量众多的农户，不可能让他们都去取得生产经营许可证才进行农产品的生产和销售。就像《食品安全法》第29条第2款所规定的，“农民个人销售其自产的食用农产品，不需要取得食品流通的许可”。因此，提高农产品生产经营者的规模化程度，是一个漫长的过程。

二、通过完善的法律责任使生产、销售劣质农产品的外部成本内部化

农产品生产经营者热衷于“机会主义行为”的直接原因是“外部性”问题。劣质农产品虽然给消费者和社会造成了损失，但这对于农产品生产经营者而言是一种外部成本，如果它们不能通过某种方式转化为生产经营者自己的损失，纳入其行为决策的成本—收益分析，生产经营者就不会自我约束。因此，要想使生产经营者不去生产、销售劣质农产品，必须把这种外部成本通过某种方式转化为生产经营者自己的损失，即“外部成本内部化”。

外部成本内部化的最直接方式是让劣质农产品的生产经营者承担法律责任，包括民事责任、行政责任（行政处罚）、刑事责任等。

民事责任立足于让生产经营者赔偿消费者所受到的损失，在使

生产、销售不安全食品的外部成本内部化方面具有直接的作用。通过民事责任，可以把进行索赔的消费者所遭受的损失（外部成本）内部化为生产经营者自己的损失。

行政责任（行政处罚）和刑事责任立足于对生产经营者进行惩罚，通过对生产经营者进行处罚，使其受到财产或其他方面的损失，把由没有进行索赔的消费者和社会承担的外部成本内部化。

这样，通过法律责任，使生产经营者承受损失，可以将其行为的外部成本转化为内部成本，提高其生产、销售劣质农产品的成本，当其成本超过收益时，生产经营者就会自我约束。

然而法律责任发挥作用的前提是赔偿或惩罚必须充分，而且法律责任的实施本身也要耗费一定的成本，当这种成本很高时，会阻碍法律责任的实施。因此，需要考虑实施成本问题来确定法律责任的设置。这一问题将在后文予以详细论述。

三、降低消费者的信息成本

农产品生产经营者热衷于“机会主义行为”的直接原因是“外部性”问题，而造成它的原因则是生产经营者与消费者的“信息不对称”问题。因此，需要政府和法律之手矫正“信息不对称”，降低消费者的信息成本，方便消费者做出选择，使劣质农产品的生产经营者被市场淘汰，恢复市场机制的作用。

消费者数量众多，在农产品质量安全的意识和知识方面千差万别，降低消费者的信息成本，除了要提高消费者的整体农产品质量安全意识和知识之外，更主要的是依靠一系列的制度和机制，使有关农产品质量安全的信息能够快捷、简洁而又充分地展现在消费者面前，让消费者能够方便地做出选择，从而对农产品生产经营者形成约束。

（一）信息公开制度

1. 生产经营者的农产品质量安全信息披露义务

降低消费者的信息成本，最直接的方法就是要求农产品生产经营者披露与农产品质量安全相关的重要信息，使消费者尽可能多地了解该农产品对健康是否具有危害，从而做出理性的选择。然而农产品生产经营者未必愿意主动披露这些信息，因此需要法律的强制界入。

生产经营者的信息披露义务，首先表现在必须通过标签、说明书、包装等标识标明所生产、销售的农产品的一些重要信息，特别是质量安全方面的信息，并保证内容的真实性、清晰性、易辨识性等，不得进行虚假、夸大的宣传。其次，生产经营者的信息披露义务还表现在当发现其生产、销售的农产品不符合农产品质量安全标准时，应当进行召回，并告知消费者。最后，在发生农产品质量安全事故时，生产经营者应当及时向政府主管部门报告，不得隐瞒、谎报、缓报。

《农产品质量安全法》对生产经营者的信息披露义务进行了一些规定，但存在诸多不完善之处。《农产品质量安全法》第五章对“农产品包装和标识”进行了专门规定，第 40 条对发生农产品质量安全事故时的报告义务进行了规定；但是没有对虚假宣传、夸大宣传和隐瞒、谎报、缓报事故等进行规定。《农产品质量安全法》也没有明确规定召回制度，仅在第 50 条规定农产品生产企业、农民专业合作经济组织、农产品批发市场销售的农产品存在质量安全问题时，应当停止销售，追回已经销售的农产品，对违法销售的农产品进行无害化处理或者予以监督销毁。这并不是严格意义上的召回制度。

2. 政府的农产品质量安全信息公开制度

法律强制给生产经营者的信息披露义务是最低限度的。关于农产品质量安全的信息远不止这些，全部要求生产经营者进行披露并不现实，更多的信息公开任务则需要由政府主导来进行。

政府的农产品质量安全信息公开涉及面比较广，既包括农产品质量安全风险方面的信息，也包括农产品质量安全事故方面的信息；既包括事先的评估，也包括事中和事后的公布；既包括否定性的警示、预警，也包括肯定性的澄清、解释、说明；既包括宏观的、全局的，也包括微观的、个案的；既包括规范性的标准，也包括个别性的指示；等等。概括起来，主要有以下几方面：（1）组织农产品质量安全风险监测和评估，发布农产品质量安全风险警示；（2）制定和公布农产品质量安全标准；（3）公布农产品质量安全重大信息和日常监管信息，特别是农产品质量安全检测、检验信息；（4）建立农产品生产经营者信用档案和信用体系；等等。

《农产品质量安全法》对政府的农产品质量安全信息公开制度进行了一些规定，但存在诸多不完善之处。《农产品质量安全法》第34条规定了农产品质量安全风险监测制度，第6条规定了农产品质量安全风险评估制度，第二章规定了农产品质量安全标准制度，第7条规定了农产品质量安全信息发布制度；但是相比于《食品安全法》，这些规定的内容过于简略。按照《食品安全法》第2条第2款的规定，对于食用农产品的质量安全管理，在制定食用农产品的质量安全标准和公布食用农产品安全信息两个方面适用

《食品安全法》。[1] 因此，《农产品质量安全法》在这两方面规定的不足之处可以通过适用《食品安全法》予以解决，但是在其他方面的不足则无法通过《食品安全法》解决。

另外，《农产品质量安全法》没有对建立农产品生产经营者信用档案和信用体系等进行规定，而这方面的制度是当前我国亟须加强的。市场经济是信用经济，信用可以节省交易对象之间的信息成本，矫正信息的不对称。对生产经营者特别是大型企业来说，信用具有巨大的商业价值。但是，在我国当前，农产品生产经营者似乎并不太在意其违法行为对信用的负面影响，究其原因，除了生产经营者追求短期行为之外，这与相关的信用档案和信用体系缺失不无关系。因此，通过政府建立农产品生产经营者信用档案和信用体系，可以降低消费者的信息成本，激励生产经营者特别是大型企业诚信经营，不去生产、销售劣质农产品。

《食品安全法》在建立生产经营者信用档案方面做出了一些规定，如该法第 79 条规定："县级以上质量监督、工商行政管理、食品药品监督管理部门应当建立食品生产经营者食品安全信用档案，记录许可颁发、日常监督检查结果、违法行为查处等情况；根据食品安全信用档案的记录，对有不良信用记录的食品生产经营者增加监督检查频次。"但是，按照《食品安全法》第 2 条第 2 款的规定，该条文并不能适用于食用农产品。而且，从该规定来看，其主要强调的是生产经营者信用档案在监管中的意义，而不是在市场交易中

[1] 《食品安全法》第 2 条第 2 款规定："供食用的源于农业的初级产品（以下称食用农产品）的质量安全管理，遵守农产品质量安全法的规定。但是，制定有关食用农产品的质量安全标准、公布食用农产品安全有关信息，应当遵守本法的有关规定。"

矫正信息不对称的意义。

因此，政府还应当采取更多的措施，构建一套权威、全面的生产经营者信用体系，方便消费者查询和进行市场选择，从而对生产经营者起到强有力的约束作用。

（二）认证制度

无论是强制要求生产经营者进行农产品质量安全信息披露，还是由政府进行农产品质量安全信息公开，对于消费者来说，都存在认知的难题。由于消费者的知识限制和“理性的无知”，其可能未必关注或理解这些信息，这使得信息的效果大打折扣。因此，在降低消费者的信息成本方面，一个更简洁的方法是引入第三方，如认证机关。

认证是由专业机构依据特定的技术标准，对符合要求的申请者颁发认证证书或准许使用认证标志的一种活动，包括企业质量体系认证和产品质量认证等。前者不涉及具体产品，而是针对企业本身，如“ISO 90001 认证”“GMP（Good Manufacturing Practice）认证”“HACCP（Hazard Analysis Critical Control Point）认证”等；后者针对具体产品，经认证达到相应标准后，颁发认证证书，准许生产经营者在该产品或者其包装上使用认证标志，如“有机产品”“绿色食品”“无公害农产品”等。

进行认证的是专业机构，相较于消费者而言，它们更具有知识和信息优势。通过认证，可以大大节省消费者的信息成本，矫正生产经营者与消费者之间的信息不对称，并且通过专业化的第三方监督，促使生产经营者关注农产品质量安全。

而认证以认证机构的信用为基础，只有当消费者信赖认证机构颁发的认证标志时，认证的功能才能发挥。这需要两个条件：一是消费者对认证标志的认可和关注，二是认证机构的尽职尽责。

然而从我国的现实来看，这两点都不尽如人意：消费者对于认证标志没有那么关注，认证机构也没有那么尽职尽责。

例如，2011 年 6 月笔者曾组织学生对北京一些大型超市的消费者进行的随机问卷调查显示，在问及“您购买食品时是否关注食品包装上的‘绿色食品’、‘有机产品’、‘无公害农产品’、‘ISO 90001 认证’、‘HACCP 认证’等标志?”这一问题时，在收回的 568 份有效答卷中，选择“不关注”的有 159 份，占 28%；选择“注意过，但不太在意”的有 310 份，占 55%；选择“关注并且在意”的有 99 份，占 17%。也就是说，大部分（83%）的消费者对于认证标志并不关注并不在意。

我们再看第二点——认证机构的尽职尽责。《中华人民共和国产品质量法》（以下简称《产品质量法》）第 21 条规定，认证机构必须依法按照有关标准，客观、公正地出具检验结果或者认证证明，应当依照国家规定对准许使用认证标志的产品进行认证后的跟踪检查。也就是说，认证机构的尽职尽责包括事前的严格审查和事后的跟踪检查。但是从现实来看，我国的认证领域乱象丛生：有些认证机构在给企业办理认证时将严格的审查程序变为“交钱拿证”，有的企业在拿到认证以后便不再严格执行认证标准。[1]

认证机构的尽职尽责有赖于两点：一是认证活动中基于市场竞

---

[1] 有机食品认证市场乱象：只要交钱轻松变“有机”［EB/OL］. http：//shipin. people. com. cn/GB/14788914. html；揭开有机食品市场乱象：认证“超期”缺乏监管［EB/OL］. http：//sd. sdnews. com. cn/2011/4/18/1055770. html，2011 － 04 － 18；有机食品乱象：借概念骗钱［EB/OL］. http：//discover. news. 163. com/special/organicfood/.

争和信誉机制的内在约束，二是认证机构失职后法律责任的外在约束。而在这两方面，我国目前都存在不少问题。

认证属于市场活动，但是我国的认证活动存在很多行政色彩。虽然《产品质量法》《中华人民共和国认证认可条例》（以下简称《认证认可条例》）等法律法规规定，从事认证的社会中介机构不得与行政机关和其他国家机关存在隶属关系或者其他利益关系，但事实上认证活动往往具有难以摆脱的行政阴影。例如，在从事有机食品认证的认证机构中，有不少脱胎于旧有体制，“大有来头”，背靠部委，总是言必称旧东家；有些地方政府推动辖下企业不择手段地获取有机认证，借此争取国家的相关补贴；有的认证机构每年的保持认证率在 70%，而剩下 30% 中的很多企业都是在地方行政命令下进行初次申请，因为县域拥有有机食品厂商数量与政绩考核相关；有的认证机构向地方农业官员开价，给他们认证标识，县里据此争取上级补贴，最后按国家给予的补贴比例给予回扣。[1]

另一方面，认证机构鱼龙混杂，压价竞争，将严格的认证活动演变为“一手交钱一手拿证”的生意，而且是越卖越贱的生意。[2]这无法形成真正基于信誉的市场约束。

当市场机制的内在约束作用不能充分发挥时，只能依靠法律责任的外在约束。我国法律对认证机构的法律责任进行了比较全面的规定。在行政处罚方面，规定了罚款、没收违法所得、责令停业整顿、撤销认证资格、撤销责任人员执业资格等各种形式。在刑事责

[1] 赵一海．有机食品认证泥沙俱下［EB/OL］．http：//www.infzm.com/content/36596，2009－10－28.

[2] 证书大国的认证乱象［EB/OL］．http：//news.163.com/07/0527/00/3FF7JBAT00011SM9.html.

任方面，《刑法》第229条规定了法定最高刑可达10年有期徒刑的提供虚假证明文件罪。在民事责任方面，一些法律也有明确规定。比如，《产品质量法》第57条第3款规定："产品质量认证机构……对不符合认证标准而使用认证标志的产品，未依法要求其改正或者取消其使用认证标志资格的，对因产品不符合认证标准给消费者造成的损失，与产品的生产经营者、销售者承担连带责任……"《认证认可条例》第62条第1款规定："认证机构出具虚假的认证结论，或者出具的认证结论严重失实的，……造成损害的，认证机构应当承担相应的赔偿责任。"

然而从我国实践来看，认证机构的法律责任往往被忽视。以轰动全国的"三鹿奶粉事件"为例，三鹿集团取得了ISO 9001、ISO 14001、GMP和HACCP等多项认证。❶"三鹿奶粉事件"发生后，国家认监委迅即下发通知，对三鹿集团做出了三项处理决定：一是责成各有关认证机构按照相关程序，撤销该企业及其产品相关认证证书；二是责成中国合格评定国家认可中心按照相关程序，撤销该企业的实验室认可证书；三是责成河北出入境检验检疫局按照相关程序，吊销该企业出口食品卫生注册资格。❷但是，我们并未见到有关追究认证机构行政责任或刑事责任的公开信息。而对于民事责任，由于绝大多数受害消费者选择了接受以三鹿集团为首的22家责任企业的赔偿方案而不再起诉❸，认证机构的连带民事责任实际上也都无

---

❶ 商务部．三鹿成为河北省乳粉出口资质企业第一家［EB/OL］．http：//hebei.mofcom.gov.cn/aarticle/sjtongjizl/200611/20061103650909.html，2006－11－07.

❷ 参见：http：//www.gov.cn/jrzg/2008－09/18/content_1098216.htm［EB/OL］.

❸ 新华网．26万问题奶粉患儿家长接受企业赔偿［EB/OL］．http：//bt.xinhuanet.com/2009－01/24/content_15545552.htm，2009－01－24；三鹿奶粉受害婴儿95%已接受赔偿［N］．人民日报，2009－03－03.

从落实。

如果没有足够的法律责任约束，对认证机构的约束就只剩下市场竞争机制。然而我国目前在这方面仍存在不少问题。这样，认证机构只获得利益而不用承担责任，特别是民事赔偿责任缺位，同时又缺乏充分的市场机制约束作用，那么认证制度的功能必将会被大大扭曲。

认证机构的法律责任类似于证券欺诈案件中的注册会计师、律师等中介机构的法律责任。这在行政责任和刑事责任方面不存在实施的障碍，而在民事责任方面，认证机构一般财力有限，连带赔偿责任事实上难以充分落实，但是这并不等于可以逃脱责任，至少应当以所获收益（收取的认证费用）为基数，乘以一定的倍数，对受害者予以赔偿。只有这样，才能促使认证机构认真履行职责，强化审核和追踪检查，对生产经营者形成较强的专业性监督。

典型案例：回到“赶集时代”[1]

自2010年9月以来，北京有机农夫市集已经举办了40多届，参加的农户和商户近30家，赶集人数从最初的100多人增加到4000多人，吸引了众多关注环境保护和生活品质的中外人士参加。

农夫市集是一个由消费者自愿发起搭建的平台，通过这个平台，消费者不仅可以在市集上和农户面对面地交流，还可以去农场参观，可以知道他们在哪里种菜，在哪里养鸡。同时，这也可以帮助农户

[1] 李丽，杜小娟．对食品安全不放心 部分大城市居民回到“赶集”时代［N］．中国青年报，2012－09－07（03）．

拓宽市场渠道，鼓励更多农户从事有机农业，从而减少化肥和农药带来的环境污染，维护食品安全，实践公平贸易。

在这里，一方是从事有机农业的农户，另一方是消费者。“这种模式在欧美等国家比较常见”，中国人民大学郑风田教授在接受《中国青年报》记者采访时表示，这种交易方式解决了消费者对生产者一无所知的问题，也就是说，从“田头”到餐桌的距离缩短了。

参加农夫市集的很多农户都会公开农产品的生产信息。作为天津绿色农夫市集发起人之一的雨洋告诉《中国青年报》记者，加入市集的农户必须“愿意和消费者沟通其生产方式和方法，包括种子、肥料、饲料来源，防病防虫的方法，动物的生活空间和密度，是否使用大棚等信息，帮助消费者获取信息，保护消费者权益”。北京农夫市集的组织者之一常天乐认为，选择到农夫市集来买菜的消费者，是愿意接受传统的“与种植者和养殖者面对面交易的商业模式”。

目前来看，市集只是一个桥梁。“组织者所做的工作，就是找到生产者，验证产品品质，并提供一个公共的平台，让他们到市集上出售，为农户和消费者建立沟通的桥梁。”雨洋说。《食品安全法》第29条规定，“农民个人销售其自产的食用农产品，不需要取得食品流通的许可”。这是各地市集交易的法律基础，但同时也是这些产品缺乏相关政府机构认证、只能靠口碑立足的原因所在。常天乐说，一旦出现投诉，农户们会非常紧张，“诚信是农夫市集最重要的基础，农户一旦进入了市集这个平台，他的留存是由客户来全权决定的”。

以北京有机农夫市集为例，组织者会先对农户做前期的考察，花较长时间确定一个农户究竟是不是符合市集标准。“首先，要了解农户的动机，他不仅是为了赚钱，而且要有环保、食品安全或者回归传统等理念。其次，要去看他的农场、技术，了解他们肥料的来源、种子的来源、防治病虫害的方法等。”常天乐说。

郑风田认为，在全社会重构消费者与生产者之间的互信，还是要实行公司化运作，走品牌化的路子，比如农产品基地直供模式。“小区或者公司，可以与经营土地的农村自愿合作组织合作，签订合同，农产品直接从田间到对方的餐桌。”郑风田说。这在国际上称作“社区支持农业”，是城乡社区相互支持，发展本地生产、本地消费模式的小区域经济合作方式。郑风田建议，北京、上海等大城市可以在全国范围内选择数个蔬菜直供基地，与这些基地的农户进行合同约定，比如不能滥用农药和化肥，“可以派第三方进行抽检，一旦发现不合格，就取消该基地的直供资格”。

郑风田表示，直供模式的最大优势是能够追溯蔬菜产地，一旦出现问题，就对蔬菜基地实行“株连”政策，取消该基地全部的供货资格，从而倒逼地方政府加强监管，也可以让农民之间互相监督，“而不是现在这样——谁不用农药化肥，谁就吃亏了”。

在这一案例中，“农夫市集”模式可以使消费者与农户进行面对面的交流或者去农场参观，了解农产品的生产信息，能够在一定程度上矫正“信息不对称”问题。但是，这并不能从根本上解决消费者与生产者之间的“信息不对称”问题。消费者不是专业人士，没有检测能力，通过眼睛看或参观不一定能发现问题，只能说是有所帮助。而且，这种模式不一定能够得到推广，只能在很小的范围内适用。比如，北京农夫市集的一个农户可以认识他的所有客户，“撑死了只能为 100 多个消费者供应产品”；上海农好农夫市集只由 10

余户中小规模农户组成，每月只能以 1 ~ 2 次的频率在上海市区开市。[1]

至于在其他国家流行的“社区支持农业”模式，虽然比“农夫市集”模式规模更大，但是在我国的国情下适用范围依然有限。解决农产品质量安全问题，最根本的还是生产经营者的自律。以怎样的方式让他们做好自律让他们认识到应该追求更长远的利益，而不是短期利益，需要一种机制。在政府监管能力有限的情况下，可以发挥比较专业的第三方认证机构的监督功能。而现在的问题是对认证机构的约束不够，认证机构即使没有履行好监督职责，也难以承担相应的责任，这样，认证的功能也就不能得到真正发挥。

[1] 李丽，杜小娟．对食品安全不放心 部分大城市居民回到“赶集”时代［N］．中国青年报，2012－09－07（03）．

第三章　农产品质量安全监管和法律责任实施不到位问题

第一节　农产品质量安全监管和法律责任实施不到位：影响农产品质量安全的外在因素

对于市场经济下农产品生产经营者为了短期利益生产、销售劣质农产品的“机会主义行为”，单靠市场机制“看不见的手”难以约束，还需要政府和法律之手。

由于农产品生产经营者进行“机会主义行为”的根本原因在于其生产、销售劣质农产品所产生的损害是由别人承担而不是自己承担，因此，政府和法律之手的核心作用在于通过某种方式将这种损害转化为生产经营者自己的损失，即“外部成本内部化”，使其付出代价，从而不去生产、销售劣质农产品。

使劣质农产品的生产经营者付出代价的第一种方式是矫正信息不对称，让消费者充分了解农产品的质量安全信息，恢复市场价格机制的功能，通过市场机制将生产、销售劣质农产品的外部成本内部化。这方面的法律措施包括：强制要求生产经营者对所生产和销售的农产品的质量安全信息进行披露，对农产品质量安全风险进行监测和评估，制定农产品质量安全标准，对市场上的农产品进行质量安全检测，发布农产品质量安全信息，建立生产经营者信用体系，等等。这些法律措施的实施，主要依靠行政主管部门的监管。

使劣质农产品的生产经营者付出代价的第二种方式是让生产、销售劣质农产品的生产经营者承担法律责任，承受损失，直接将其生产、销售劣质农产品的外部成本内部化。这方面的法律措施主要包括民事责任、行政责任（行政处罚）和刑事责任。通过民事责任，可以把进行索赔的消费者遭受的损失转化为生产经营者自己的损失；通过行政责任（行政处罚）和刑事责任，可以把由没有进行索赔的消费者和社会承担的损失转化为生产经营者自己的损失。这些法律措施的实施，主要依靠民事诉讼、刑事诉讼和行政主管部门的监管。

因此，政府和法律之手能够发挥作用，有赖于监管措施和法律责任的充分、有效实施。如果实施不到位，生产经营者生产、销售劣质农产品之后得不到应有的惩罚，其就会无所顾虑，生产、销售劣质农产品的“机会主义行为”就会泛滥。然而由于种种原因，我国当前存在着比较明显的农产品质量安全监管和法律责任实施不到位问题，成为影响农产品质量安全的外在因素。

一、行政监管不到位问题

对于农产品质量安全的治理，我国一直以来倚重行政主管部门的监管。

《农产品质量安全法》第 3 条规定：“县级以上人民政府农业行政主管部门负责农产品质量安全的监督管理工作；县级以上人民政府有关部门按照职责分工，负责农产品质量安全的有关工作。”在 2013 年国务院机构改革之前，农产品质量安全的监管主要由各级政府农业行政主管部门负责。2013 年，国务院进行机构改革，对食用农产品质量安全的监管职责进行了整合，食用农产品质量安全的监管由农业行政部门和食品药品监督管理部门按照环节分别负责。其中，农业投入品质量及使用的监管、食用农产品的种植养殖环节以及畜禽屠宰环节和生鲜乳收购环节的质量安全监管由农业部门负责，食用农产品进入批发、零售市场或生产加工企业后由食品药品监督管理部门监管。[1]

农产品质量安全的监管内容比较广泛，按照《农产品质量安全法》的规定，主要包括农产品质量安全风险评估、农产品质量安全信息发布、农产品标准化生产引导和推广、农产品质量安全科研支持和先进技术推广、农产品质量安全知识宣传、制定和实施农产品质量安全标准、农产品产地管理、农产品生产指导、农业投入品生产和使用的监管、农产品包装和标识管理、农产品质量安全监测和检测、农产品质量安全事故处置、农产品质量安全违法行为的行政处罚等。[2] 这些监管措施可以分为事前、事中、事后三类：事前监管

---

[1] 《国家食品药品监督管理总局主要职责内设机构和人员编制规定》规定：“农业部门负责食用农产品从种植养殖环节到进入批发、零售市场或生产加工企业前的质量安全监督管理，负责兽药、饲料、饲料添加剂和职责范围内的农药、肥料等其他农业投入品质量及使用的监督管理。食用农产品进入批发、零售市场或生产加工企业后，按食品由食品药品监督管理部门监督管理。农业部门负责畜禽屠宰环节和生鲜乳收购环节质量安全监督管理。”

[2] 《农产品质量安全法》第 6 ~ 10 条、第二章、第三章、第 20 ~ 25 条、第五章、第 34 条、第 40 条、第七章。

主要在于农产品质量安全标准的制定、农业投入品生产的管理、农产品质量安全信息不对称的矫正（包括风险评估、信息发布、知识宣传、标识管理等），事中监管主要是对农业投入品使用的监管和农产品质量安全检测，事后监管主要是农产品质量安全事故处置和对违法行为的行政处罚。这些监管措施涵盖了前面所说的通过政府和法律之手将生产、销售劣质农产品的外部成本内部化的两种方式。

面对数量众多且分布广泛的农产品，如此众多的监管内容要想得到充分而有效的实施并不容易。其一方面要受监管部门的人员、技术、设备等客观条件的影响，另一方面要受监管部门工作人员的责任心、动力、动机等主观积极性的影响。一旦监管部门的条件和积极性不足，就会出现监管措施实施不到位的问题。

（一）监管中的形式主义、懈怠与寻租

农产品质量安全监管的每一项内容都需要监管部门及其工作人员来实施。如果监管部门及其工作人员缺乏积极性，行动懈怠，或者为了个人或部门私利而“寻租”，那么监管措施的实施就会被扭曲。

“寻租”（Rent Seeking）是西方经济学家克鲁格、塔洛克等人提出的一个概念，原意说的是一些人（企业）为谋求获取由政府创立或保护的垄断带来的好处而进行的活动。[1]“租”即租金，也就是利润、利益、好处，这种好处来自政府权力的运用，而不是市场竞争机制，因此，“寻租”不仅是一种社会财富的不合理再分配，而且会造成社会资源配置的扭曲和浪费。后来，“寻租”被引入对政府权力

[1] “寻租”参见塔洛克．新帕尔格雷夫经济学大辞典（第四卷）［Z］．北京：经济科学出版社，1996：157－159．

滥用的分析，即“权力寻租”——利用公共管理权力获取个人或小集团私利的活动。

“寻租”的发生和程度与两种因素正相关：一是权力特别是自由裁量权的大小，二是该权力对他人利益的影响程度。也就是说，寻租空间一方面取决于该权力对别人利益的影响能力，另一方面取决于掌权者个人意志所能决定的方向、范围和尺度。许多农产品质量安全的监管措施会对生产经营者的利益有比较大的影响，同时监管部门工作人员又具有各种形式的自由裁量权，因此容易出现生产经营者为了逃避监管而贿赂执法人员或者执法人员利用权力进行索贿等情形。

从法理上说，自由裁量权是一种个别性调整（具体情况具体处理），与之相对应的是规范性调整。科学的管理需要使规范性调整与个别性调整相结合。由于社会生活的复杂性、多样性及多变性，所有的事情完全依靠规范性调整是不可能的，而且，将抽象的规则适用于具体的事项也需要对规则进行解释、说明，这就需要一定的自由裁量权。但是自由裁量权的运作离不开掌握权力者的个人决策，如果该权力对别人的利益有很大影响，就容易引发掌权者的“寻租”（索贿、受贿）和受权力影响者的“交租”（行贿）。对双方来讲，这一“合作”是互利的，掌权者通过“寻租”捞取了一定的好处，受权力影响者通过“交租”获得了更大利益或避免了更大的损失。但是，社会利益或他人利益会因此受到损失。

只要存在自由裁量权，只要该权力的运作对他人的利益有重大影响，即使自由裁量的空间看似不大，也会有“寻租”的可能。比如，农产品安全监管机关或执法人员接到有关生产、销售劣质农产品的举报后不予立案查处，这种仅仅什么都不做的“不作为”，对相关的生产经营者就足以产生很大影响。

一般来说，法律规则的表述越明确，自由裁量的空间就越小；表述越模糊，自由裁量的空间就越大。因此，遏制“寻租”的一个有效方法是尽可能地增加法律的明确性。但是，法律规则的模糊性、抽象性和自由裁量权的个别性调整是不可能消除的，有时候也是必需的。因此，如何遏制自由裁量权下的“寻租”问题就成为行政监管实施的重要课题。

以“健美猪事件”为例，该事件是2011年3月中央电视台新闻频道播出的一个报道——3·15特别行动《“健美猪”真相》中披露的事件，报道播出后引起巨大轰动。

典型案例：河南瘦肉精事件[1]

一头猪从生长到宰杀，最后流向人们的餐桌，要经历养殖、贩运、屠宰和销售等几大环节。目前，这几大环节都有监管部门负责监督把关。按道理说，一些加“瘦肉精”喂出来的猪，就算是在养殖环节没有被发现，到了贩运、屠宰和销售环节也应该遭到查处。但事实并非如此，记者调查发现，在河南省孟州市、沁阳市、温县和获嘉县，生猪养殖环节违禁使用“瘦肉精”几乎成了一个公开的秘密。

养猪户直言不讳地告诉记者，养猪场挂的“河南省无公害畜产品产地”的牌子是花钱办的，有时候赶上监管部门突击检查，会得

[1] “健美猪”真相［EB/OL］. http://news.xinhuanet.com/fortune/2011-03/15/c_121188586_2.htm，2011-03-15.

到一些额外的照顾。“一般没有人管”，“检查也没啥规律，不过要是说省里边或者外边人来检查了，县畜牧局一般会提前通知。要是县里边抽查的话，就是给你拿个瓶接点猪尿化验，自己接的肯定不让他化验出来。”

按照动物检疫的检测制度，生猪外运时必须通过养殖地的检疫部门检疫，获得动物检疫合格证明、运载工具消毒证明和五号病非疫区证明三大证明，并佩戴耳标。三大证明和耳标相当于生猪外运的“通行证”，缺一不可，否则根本不允许向外地调运生猪。然而记者在调查中却看到了另一番景象。记者注意到，一辆运猪车上装的猪，耳朵上都没有佩戴耳标。记者问：“耳标呢?”运猪车司机说：“我们从这边走没有动检（动物检疫站），打不打无所谓。”这样一车没有佩戴耳标的猪，竟然也能获得生猪外运的手续。随后，记者在对另一辆运猪车进行调查时，正好碰到当地动物检疫站两名赶来检疫生猪的工作人员，只见其中一名检疫人员只是随便看了看，并没有对这批外运生猪进行“瘦肉精”检测。记者随后来到了沁阳市柏香镇动物检疫站，通过当地一名猪贩介绍，在没有购买和调运任何生猪的情况下，随便说出一个车牌号码，只花200 元钱就买到了往南京调运 120 头猪的三大证明——动物检疫合格证明、运载工具消毒证明和五号病非疫区证明。优惠下来，每头猪的检疫费用还不到2 元钱，另外还获赠150 个耳标。开票人坦言，不管从哪个地方调猪，不管运猪车是否过来真正接受检疫，他们这里都可以出具检疫合格证明的相关票据。充当介绍人的猪贩说，所谓的检疫不过是走过场。就这样，只要花点钱，不论是喂了“瘦肉精”的猪还是病猪，都能够获得号称“通行证”的三大证明和耳标。一车猪有了这些手续，就等于取得了外运的资格。

然而到了设立在省界的动物防疫检查站，还要接受出省检查。那么这些喂了“瘦肉精”的猪运到省界后，是否能够蒙混过关呢？记者跟随运猪车的司机来到检查站办公室，只见工作人员一边审核检疫合格证明等相关票据，一边张口要钱。工作人员：“钱带了吗？”运猪车司机：“多少钱？”工作人员：“你不知道吗？”这名司机把100元钱放在工作人员面前的桌子上，顺手拿走了审核通过的检疫证明等手续。上车后，司机告诉记者，这个检查站正常的检查费用应该是20元钱，他给了100元无非就是想买个平安无事、顺利过关。运猪车司机：“检疫站收黑钱的。”记者：“收黑钱，如果不给他100元，给他20元呢？”运猪车司机：“给他20元他不要。他就说猪有毛病，要不让你返回，不让你从这过，或者按法律领条，违反了哪一款哪一条。”很快，这辆载有病猪的运猪车顺利通过了检查站。在整个过程中，记者没有看到工作人员对这辆车上的猪进行疾病检疫和“瘦肉精”检测，检疫人员甚至连车里的猪看都没看就放行了。司机说，就算有时候遇到突击检查，使用尿检的方法检测“瘦肉精”，检查人员收钱后也会故意自己不去接猪尿，给他们这些运猪司机创造可乘之机。运猪车司机：“尿检，有的说是要猪尿咋回事的，结果给尿到杯子里头的，是人尿。”

就这样，喂过“瘦肉精”的猪，每头花上2元钱左右就能获得养殖地开具的检疫合格等三大证明，有了这个“通行证”，再花上100元钱打点省界的检查站，便可以顺利抵达南京的一些屠宰场，真可谓是花钱不多，却能买来一路绿灯。

按照我国生猪屠宰管理有关规定，屠宰场必须是国家定点，而且要派驻检疫人员，进场的生猪必须检疫合格后方可宰杀。因此，一些喂了“瘦肉精”的生猪就算能够一路绿灯，逃过养殖和贩运两大关口，最后到了国家定点的屠宰场，应该还是能够被查出来。然而实际情况是：这些被卸到兴旺屠宰场的“加精”猪，没有检测“瘦肉精”就被宰杀了。一名检疫人员承认，他们只负责核对检疫合格证明等手续，不检“瘦肉精”。南京市建邺区兴旺屠宰场检疫人员：“我们不去关注来源地，我们只管进厂的数量对不对，‘三证’是不是齐全。”记者看到，派驻屠宰场的检疫人员对宰杀后的猪肉也没有进行“瘦肉精”检测，就直接打上了“肉检”、“验讫”的印章。

按照南京市生猪屠宰管理规定，宰杀后的猪肉必须获得“动物产品检疫合格证明”方可进入市场销售。在兴旺屠宰场，这种相当于市场门票的证明，以每张10元钱的价格卖给被宰杀的每一头猪。

调查至此，终于真相大白。原来在河南孟州市、沁阳市、温县和获嘉县，这种用“瘦肉精”喂出来的所谓瘦肉型“健美猪”，钻过当地养殖环节的监管漏洞，进入贩运环节。每头猪花2元钱左右就能买到号称“通行证”的检疫合格等三大证明，再花上100元打点河南省省界的检查站，便可以一路绿灯地送到南京的一些定点屠宰场，无须检测“瘦肉精”，并且每头猪交10元钱就能得到一张“动物产品检疫合格证明”。有了这张证明，用“瘦肉精”喂出来的所谓“健美猪”就能堂而皇之地进入南京市场销售。

从这一案例中可以看到，所有环节的监管全部流于形式。对“瘦肉精”问题进行监管从技术上来说并不难，最简单的方法是使用快速检测试纸对猪的尿液进行检测，即可快速筛选出喂了“瘦肉精”

的生猪。然而从生猪的养殖、贩运到屠宰、销售各环节，要么无人检测，只需交钱就可以获得各种合格证明手续；要么虽然进行检测，却由养猪者、运猪者自己采集猪尿样品。在各环节之间的交接中，也仅仅是核对证明手续，并不进行现场检测。其实，在这么多的环节中，只要在其中一个环节进行了真实的现场检测，喂了“瘦肉精”的生猪就会被查出。令人惊讶的是，这么多的环节，这么多的监管部门和人员，居然没有一个这样做，他们所做的全部都是形式审查。

农产品质量安全监管中的形式主义的背后是权力“寻租”，是监管人员在个人私利与监管职责之间寻求平衡的结果：一方面，监管人员有利用权力谋私的动机；另一方面，其又受职责的约束，为保证“寻租”在表面上的合法，就转而追求形式，监管也就演变成仅仅是形式审查。

这一事件已经过去一段时间，人们对它的关注正在逐渐淡去，然而其所留下的问题却远未结束。如何解决监管中的形式主义是一个很大的难题，也决定着监管的成效。

（二）集中整治与问责的局限性

为克服执法者的懈怠和“寻租”，可以采取两种对策：一是集中整治，二是问责。

集中整治，就是在特定的时间，按照统一部署，集中所有相关执法力量，对违法行为进行大规模排查的专项治理活动。集中整治是我国常常采用的一种做法，其优点是可以形成规模效应，降低执法成本，并抑制执法者懈怠或“寻租”。但是，这种行动具有运动式色彩，不能成为常态机制，在违法者“敌进我退、敌退我进”的游击战对策下，其效果会大打折扣。

例如，安徽“阜阳劣质奶粉事件”之后，国务院自2004年至2007年，每年都部署了关于食品安全的专项整治工作[1]，各地也开展了相应的落实行动。然而类似“三鹿奶粉事件”这样的重大事故还是发生了，由此可见这种方式的实际效果。据业内人士透露，乳业中的三聚氰胺掺假行为高峰发生在2007年冬季[2]，然而直到2008年9月大规模婴幼儿肾结石病被曝光，演变为重大食品安全事故，才开始得到真正处理。之后，有关部门用了一个多月时间，整治了658个奶站，取缔了890个奶站，384个奶站由乳品生产企业直接经营管理。[3] 在这种高效率的背后，恰好说明此前时间内行政监管的虚置以及实施的低效率。也就是说，即使是集中行动式的专项整治，仍然不能使行政监管得以充分、有效的落实，很多违法行为往往只有在已经发生了严重后果、引起公众的广泛关注，甚至需要国家领导人的过问和批示后，才得以被查处。“阜阳劣质奶粉事件”和“三鹿奶粉事件”都是典型例子，这种“事故推动型”的责任落实方式，社会成本可谓相当高昂。

问责，就是设立另外一套针对执法者的行政责任（行政处分）和刑事责任，以此对执法者形成监督、督促。例如，2008年“三鹿奶粉事件”爆发后，河北省省委常委、石家庄市市委书记被免职，

---

❶ 参见《食品安全专项整治工作方案》（国办发〔2004〕43号）、《2005年全国食品药品专项整治工作安排》（国办发〔2005〕20号）、《2006年全国食品安全专项整治行动方案》（国办发〔2006〕24号）、《2007年全国食品安全专项整治方案》（国办发〔2007〕28号）。

❷ 柯志雄．“奶博士”的万言书［EB/OL］．http：//www.21cbh.com/HTML/2008-10-15/HTML_1TJKOOW02S5S_2.html，2008-10-15.

❸ 新华网．三鹿奶粉食品安全事故处置工作取得阶段性进展［EB/OL］．http：//www.he.xinhuanet.com/news/2008-10/31/content_14789325.htm，2008-10-31.

国家质量监督检验检疫总局局长引咎辞职。[1] 2009 年 3 月，负有直接责任和领导责任的 8 名部委责任人和 24 名河北省省内有关部门责任人被给予党政纪处分。[2]

问责作为另一套行政责任（行政处罚）和刑事责任，同样具有实施的难题，因此可能又需要另一套责任对其进行督促……这样，长效实施机制的成本最终会大大提高。

而且，问责是对执法者的处罚，执法者为了逃避问责，很容易利用所掌握的信息和处理权与事件肇事者结成利益共同体，对事件进行瞒报。

二、民事责任落实不到位问题

生产经营者生产、销售劣质农产品的行为的最直接受害者是消费者，通过实施民事责任，让生产经营者赔偿消费者所受的损失，可以使这种外部成本内部化，促使生产经营者自我约束。但是，如果消费者的损失得不到充分赔偿，那么民事责任的这一功能就无法发挥。在我国，农产品质量安全民事责任存在着比较明显的落实不到位问题。

（一）普通消费者面临索赔难题

虽然《农产品质量安全法》《食品安全法》《消费者权益保护

---

❶ 党中央国务院对三鹿牌婴幼儿奶粉事件有关责任人员作出严肃处理［N］. 人民日报，2008－09－23（01）.

❷ 8 名部委官员因“三鹿”受处理［N］. 京华时报，2009－03－21（002）；河北处理三鹿奶粉事件有关责任人［N］. 人民日报，2009－03－27（05）；新华网. 石家庄市处理三鹿奶粉重大食品安全事故有关责任人［EB/OL］. http：//news. xinhuanet. com/newscenter/2009－03/28/content_ 11088891_ 1. htm，2009－03－28.

法》《侵权责任法》《合同法》等法律已经对生产、销售劣质农产品的民事责任规定得比较清楚和完备，但是消费者真正依据这些法律规定来索赔仍面临一定的难题。

首先，索赔主体难以确认。农产品质量安全问题具有潜伏性，消费者在食用了劣质农产品后，一般不会马上出现明显的、重大的身体伤害。劣质农产品对消费者的伤害往往是长期积累的，当最终反映为身体的重大病变时，消费者实际已经无从确定是哪一种劣质农产品造成的，该向谁索赔。

其次，索赔成本阻碍索赔的积极性。消费者进行索赔需要耗费一定的时间、精力、金钱等，特别是在认定该农产品是否符合存在农产品质量安全问题时，必须进行专业的检验检测，需要花费一笔不菲的费用。这些支出对普通消费者而言成本不小。当消费者没有出现明显的、重大的身体伤害时，得到的赔偿金往往也会很少，因此索赔成本就会构成一种障碍，阻碍消费者进行积极索赔。

例如，笔者曾经于 2011 年 6 月组织学生在北京一些大型超市对消费者进行了问卷调查，在问及“当您购买某食品后发现有安全问题，但没有发生较大损害时，会如何处理?”这一问题时，在收回的 573 份有效答卷中，选择“忍耐算了”的有 207 份，占 36. 1%；而选择“向法院起诉”的仅有 24 份，占 4. 2%。

（二）“职业打假”存在障碍

对于普通消费者面临的索赔难题，可以通过设定惩罚性赔偿制度，鼓励那些具有索赔积极性的消费者索赔，特别是“职业打假”人士，以使生产、销售劣质农产品的民事责任得到落实。但是，在我国当前，“职业打假”也存在一定的障碍。

我国《农产品质量安全法》没有规定惩罚性赔偿制度。《食品安全法》虽然有“十倍赔偿”的规定（第96条第2款），但是，该法第2条第2款规定：“供食用的源于农业的初级产品（以下称食用农产品）的质量安全管理，遵守农产品质量安全法的规定。但是，制定有关食用农产品的质量安全标准、公布食用农产品安全有关信息，应当遵守本法的有关规定。”因此，《食品安全法》的“十倍赔偿”规定无法适用于农产品。对于农产品质量安全的惩罚性赔偿责任，目前只能适用《消费者权益保护法》。《消费者权益保护法》原来仅有双倍赔偿的规定，并且以价款为基数来计算。[1] 2013年修改后的《消费者权益保护法》对此做了完善。该法第55条规定：“经营者提供商品或者服务有欺诈行为的，应当按照消费者的要求增加赔偿其受到的损失，增加赔偿的金额为消费者购买商品的价款或者接受服务的费用的三倍；增加赔偿的金额不足五百元的，为五百元。法律另有规定的，依照其规定。经营者明知商品或者服务存在缺陷，仍然向消费者提供，造成消费者或者其他受害人死亡或者健康严重损害的，受害人有权要求经营者依照本法第四十九条、第五十一条等法律规定赔偿损失，并有权要求所受损失二倍以下的惩罚性赔偿。”

《消费者权益保护法》关于惩罚性赔偿的规定催生了“职业打假”。然而对于“职业打假”，社会各界存在很多争议。“职业打假”人士以获取赔偿金为目的，甚至以此为职业，有的往往以向监管部

---

[1] 原《消费者权益保护法》第49条规定：“经营者提供商品或者服务有欺诈行为的，应当按照消费者的要求增加赔偿其受到的损失，增加赔偿的金额为消费者购买商品的价款或者接受服务的费用的一倍。”

门举报作为筹码来要挟生产经营者予以赔偿，如不能满足要求则提起索赔诉讼，这种方式似乎令人反感。因此，在一些地方的司法实践中，惩罚性赔偿对于“职业打假”人士被限制适用，导致职业打假人士获取惩罚性赔偿金的目的落空，“职业打假”遭遇障碍。

典型案例：李某学诉深圳市永某盛工贸有限公司消费者权益纠纷案[1]

原告：李某学。

被告：深圳市永某盛工贸有限公司。

原告诉称：2010年5月5日至14日，原告分别去深圳市福田区华某益田店购买富某牌有机食品系列（350克）绿豆、红豆、黄豆、黑豆、花生，共计1051.7元；去深圳市罗湖区百某超市购买富某牌有机食品系列（350克）绿豆、黄豆、黑豆、花生，共计496.9元。被告为富某牌有机食品系列的生产经营者。被告在各大商场经销的预包装食品不符合食品安全标准的情况如下：

（1）根据《预包装食品标签通则》4基本要求4.1规定，预包装食品标签的所有内容，应符合国家法律、法规的规定，并符合相应产品标准的规定。但是，被告的预包装食品标签不符合《食品安全法》第42条第8项之规定，未有生产许可证编号。

（2）根据《预包装食品标签通则》4基本要求4.3规定，预包装食品标签的所有内容，应通俗易懂、准确、有科学依据；不得标示封建迷信、黄色、贬低其他食品或违背科学营养常识的内容。但

[1] 摘自该案判决书：《（2010）深宝法民一初字第2902号》。

是，被告的预包装食品标签上标示了无化学添加剂、无人造色素、无化学肥料、无化学农药、无转基因等内容，并不通俗易懂、准确、有科学依据。

(3) 根据《食品安全法》第 42 条的规定，预包装食品的包装上应当有标签，标签应当注明生产者的名称、地址、联系方式。而被告的预包装食品并无上述内容。

综上所述，食品安全关系到广大人民群众的身体健康和生命安全，关系到经济的健康发展和社会稳定，关系到政府和国家的形象，同样也关系到原告的身体健康和生命安全及其切身利益；通过法律规定生产经营者、销售者的严格责任，也可以鼓励广大消费者勇于维权。因此，原告提起诉讼，请求法院判令：①被告支付赔偿金 17034.6 元；②被告支付误工费、交通费 1206 元；③本案诉讼费由被告承担。庭审中，原告变更第 2 项诉讼请求为：判令被告支付交通费 386 元，因查询而购买书籍的费用、打印费用共 59 元。

被告辩称：

(1) 原告不熟悉国家对食品生产许可的管理办法，错误引用了法律条文。由国家质检总局公布的《食品生产许可管理办法》第 40 条第 1 款规定："本办法所称食品是指《中华人民共和国食品安全法》第九十九条等规定的食品，但不包括食用农产品、声称具有保健功能的食品。"由国家商务部、财政部、国家税务总局公布的《食用农产品范围注释》中的第 1 条第 1 款和第 4 款中规定，豆类和花生类均属于食用农产品的范围。而被告所生产经营的富某牌有机食品系列 (350 克) 绿豆、黄豆、黑豆、花生，其生产工艺只是经过简单的挑选、包装，并没有进行其他的深加工处理，是属于食用农产品，因此其不在食品生产许可管理的范围内。既然未纳入该范围，则在食品包装上无生产许可证编号并无不当。

（2）被告的产品通过了南京国环有机产品认证中心的认证（证书号：OP—3008—329—1022），产品包装上写有“无化学添加剂、无人造色素、无化学肥料、无化学农药、无转基因”的字样，其实际地反映了产品的真实属性，并无不妥之处。原告仅凭主管臆想就判定被告的产品包装上的内容“并不通俗易懂、准确、有科学依据”，应不予支持。

（3）《产品质量法》和《消费者权益保护法》都规定，产品生产者对消费者承担赔偿责任要同时具备两个严格的前提条件：第一，必须是产品存在缺陷；第二，必须是因产品存在的缺陷造成人身或财产损害。《食品安全法》第96条第2款规定：“生产不符合食品安全标准的食品或者销售明知是不符合食品安全标准的食品，消费者除要求赔偿损失外，还可以向生产者或者销售者要求支付价款十倍的赔偿金。”而《食品安全法》第99条第2款规定：“食品安全，指食品无毒、无害，符合应当有的营养要求，对人体健康不造成任何急性、亚急性或者慢性危害。”在本案中，原告既没有举证来证明自己受到了人身或财产的损害，也没有举证来证明由被告生产、销售的商品存在不符合食品安全标准的缺陷，同时更不能证明其身体或财产受到的损害与被告所生产、销售的产品缺陷有必然的因果关系。因此，原告的诉求是毫无事实根据和法律依据的，请人民法院依法驳回，并判令原告承担本案的一切诉讼费用。

法院经审理查明：2010年5月5日、5月13日，原告在广州百某超级市场有限公司深圳分公司购买了被告公司生产经营的富某牌有机食品共计450.4元；2010年5月14日、5月15日，原告在华某有限公司购买了被告公司生产经营的富某牌有机食品，共计1051.7元。原告以被告公司的产品没有生产许可证编号，包装的标签上并无生产者的名称、地址、联系方式，产品标签并不通俗易懂、准确、有科学依据为由，诉至本院，要求被告支付购买食品价款11倍的赔偿金17034.6元，以及误工费、交通费1206元。

上述事实，有当事人陈述及购买发票、电脑小票、有机食品原物及照片等证据证实，足以认定。

法院认为：

《食品安全法》第96条第2款规定：“生产不符合食品安全标准的食品或者销售明知是不符合食品安全标准的食品，消费者除了要求赔偿损失外，还可以向生产者或者销售者要求支付价款十倍的赔偿金。”原告请求赔偿的依据即是该法律规定。食品的生产经营必须符合食品安全标准，即使是食用农产品，其质量安全标准的制定、产品安全信息的公布也必须遵守《食品安全法》的有关规定。而本案中，原告并未提供证据证实被告生产经营的食品存在不符合食品安全标准的情形，也没有提供证据证实因为被告的食品违反了《食品安全法》的规定而给其造成了人身、财产或者其他损害；原告仅以被告生产经营的产品在包装标签上不符合国家的有关规定为由要求被告予以赔偿。本院认为，被告的食品包装标签是否符合国家有关规定，仅属于是否追究其行政责任的问题，并不涉及民事责任的承担，因此，原告的诉讼请求于法无据，本院不予支持。依照《中华人民共和国民事诉讼法》第64条的规定，判决如下：

驳回原告李某学的全部诉讼请求。

案件受理费128元，由原告承担。

在这一案件中，原告是一名“职业打假”人士，但是其诉讼主张并未被法院支持。原告以被告公司的产品没有生产许可证编号，包装的标签并无生产者的名称、地址、联系方式，产品标签并不通俗易懂、准确、有科学依据为由，诉至法院，要求被告支付购买食品价款11倍的赔偿金。法院认为：原告并未提供证据证实被告生产经营的食品存在不符合食品安全标准的情形，也没有提供证据证实被告的食品给其造成了人身、财产或者其他损害；原告仅以被告生产经营的产品在包装标签上不符合国家的有关规定为由要求被告予以赔偿。而被告的食品包装标签是否符合国家有关规定，仅属于是否追究其行政责任（行政处罚）的问题，并不涉及民事责任的承担，因此，原告的诉讼请求于法无据，不予支持。

第二节　法律对策

一、提高行政监管效率

在农产品质量安全治理中，行政主管部门的监管是必不可少的，特别是在我国当前国情下，它仍然是最重要的治理方式。面对大量的生产、销售劣质农产品的行为，消费者的索赔只是少数（即使是“职业打假”），主要还是靠行政主管部门的监管来防范、发现和制裁。因此，如何提高监管的效率就成为农产品质量安全治理的关键。

（一）依据农产品质量安全风险和社会危害性程度，实行分级监管，合理配置执法资源，集中力量监管重点问题

农产品和农产品生产经营者数量众多、分布广泛，而监管部门的人员、技术、设备等资源是有限的，要想对全部生产、销售劣质农产品的行为进行防范、发现和制裁，是无法做到的。

从法经济学的角度来说，由于农产品质量安全不存在“零风险”，受监管成本的制约，要想做到对农产品质量安全问题“零容忍”也是不可能的。当一种农产品质量安全风险不会给消费者造成比较大的身体伤害时，尽管它存在安全问题，尽管漠视它的存在对消费者来说是不公平的，但是由于存在比较高的监管成本，从整个社会资源配置效率的角度来说，容忍它便具有合理性。也就是说，有些农产品质量安全问题同有些环境污染问题一样，是人们必须忍受的。就像法律经济学家经常说的，这是我们生活在现代社会、处于各种风险当中必然要付出的代价；要完全治理、清除这些问题，不符合成本收益计算的效率原则。但是，那些将会给消费者造成比较大的身体伤害的农产品质量安全风险则不同，容忍它将会导致社会福利的降低，无论从公平还是效率的角度，都需要加以制止。

因此，为了提高监管的效率，应当依据安全风险和社会危害性程度，对不同的农产品质量安全问题进行分级监管，合理配置执法资源，依据不同类型的监管对象确定不同的监管方式。对于那些安全风险和社会危害性比较大的问题（比如农产品生产中非法使用农业投入品和其他有毒有害物质），要集中力量重点监管；对于那些安全风险和社会危害性比较小的问题，则量力而行。

（二）通过有奖举报制度，发动社会力量参与，节约执法资源

那些安全风险和社会危害性比较大的问题是监管的重心，但是由于存在信息不对称，监管部门要想发现并不容易。对此，可以通过有奖举报制度，发动社会力量参与，特别是鼓励那些对某一行业比较熟悉的内部人士举报，从而使监管部门节约资源、有的放矢。

关于有奖举报制度，我国目前并没有法律层面的具体规定。《农产品质量安全法》第38条规定："国家鼓励单位和个人对农产品质量安全进行社会监督。任何单位和个人都有权对违反本法的行为进行检举、揭发和控告。有关部门收到相关的检举、揭发和控告后，应当及时处理。"《食品安全法》第10条规定："任何组织或者个人有权举报食品生产经营中违反本法的行为，有权向有关部门了解食品安全信息，对食品安全监督管理工作提出意见和建议。"《食品安全法》第80条规定："县级以上卫生行政、质量监督、工商行政管理、食品药品监督管理部门接到咨询、投诉、举报，对属于本部门职责的，应当受理，并及时进行答复、核实、处理；对不属于本部门职责的，应当书面通知并移交有权处理的部门处理。有权处理的部门应当及时处理，不得推诿；属于食品安全事故的，依照本法第七章有关规定进行处置。"这些法律条文对举报权、举报后的处理进行了规定，但是没有规定对举报人的奖励问题。

在规章层面，我国目前已经有了一些规定。2011年12月，国家食品药品监督管理局出台了《食品药品投诉举报管理办法（试行）》，对投诉举报的受理、办理、跟踪督促、分析处理等进行了规定，并在全国开通了统一的食品药品监督管理部门投诉举报电话——12331，建立了一体化的投诉举报网络信息管理系统。2013年

1月，国家食品药品监督管理局和财政部出台了《食品药品违法行为举报奖励办法》，对奖励条件、标准、程序等进行了规定。而在农产品质量安全方面，农业部目前还没有出台相关的规定。

由于很多举报人是了解情况的业内人士，出于举报后个人信息被泄露而招致打击报复的疑虑，许多人不愿实名举报而选择匿名举报，但是匿名举报无法进一步核实举报问题细节，甚至可能会出现恶意举报等情况。因此，有奖举报制度最核心的问题是进行科学的制度设计，一方面使举报人消除顾虑，另一方面杜绝恶意举报。2012年上海市制定的《食品药品监督管理局举报有功人员奖励办法》中规定了“实名、匿名、隐名”三种举报方式。其中，“隐名举报”是指举报人以不提供其真实姓名或名称，但提供其他能够辨别其身份的信息，使食品药品监管部门事后能够与之取得联系的形式检举、揭发违法行为或违法线索。“隐名举报”可以说是一种比较好的方式。

（三）完善对监管者的激励和约束机制

监管的重心是那些安全风险和社会危害性比较大的问题，但是该类问题由于对生产经营者的处罚会比较重，相应地对生产经营者的利益影响也比较大，因此容易出现生产经营者为了逃避处罚而贿赂监管人员或者监管人员利用权力进行“寻租”等情形。对此，需要完善对监管人员的激励和约束机制。

我国目前的制度比较强调对监管部门和人员的责任追究，一旦发生比较严重的农产品质量安全事故，往往会追究相关监管人员的行政责任（行政处分）乃至刑事责任。表面来看，这似乎对监管者起到很好的约束作用，然而从实际效果来看，却导致瞒报或推诿现象。因为当发生重大农产品质量安全事故时，不仅肇事者要受到处罚，还意味着监管人员失职，需要受到处罚，导致监管人员与违法者由此成为利益共同体，其共同利益就是瞒报或推诿。近些年来曝光的事件中就存在很多这样的现象，一些监管部门推卸责任，“交叉管理无人真管”，“共同监管等于都不监管”，这种各部门均称“不归我管”的行政不作为助长了违法行为。

另外，还有一种更为恶劣的现象是“罚没经济”或“养鱼执法”：一些地方监管部门的办公经费和人员工资以收费罚款的返还方式来“解决”，由此造成了监管者以执法获利、为罚款而放任违法的现象。

针对这种结果，可以通过两种方式予以避免：一是将日常监管职责与事故处置职责分开，分别由不同部门和人员实施。二是转变考核指标，建立一种以发现、解决问题和隐患为导向的激励机制，对能够主动发现问题和隐患，及时上报、处置、公开信息、减少损害发生或缩小损害发生范围的，应该予以积极鼓励；对履行了日常监督检查职责的监管部门和人员，在发生重大农产品质量安全事故时，不应过分强调问责。

二、通过民事诉讼强化社会监督

我国对农产品质量安全的治理一直比较偏重于行政监管。很多人也存在一种思维定势，一谈到问题的解决对策，就很自然地想到“加强政府（行政主管部门）的监管”。行政监管固然具有强力、主动、快捷等诸多优点，但是面对大量的生产、销售劣质农产品的行为，行政监管的能力和效果是有限的，农产品质量安全的治理还需要动员更广泛的社会力量参与。那么如何把更多的社会力量激发出来，并且纳入法治的轨道？民事诉讼是一种比较好的途径。

民事诉讼由受害的消费者发动，存在充分的实施动力，并且还可以发挥律师等专业人士的力量。另外，在民事责任体系中，除了生产者的责任之外，还有销售者、认证者、广告者等其他主体的责任，通过民事诉讼中的连带责任，可以激励这些主体对生产者进行监督制约。

民事诉讼既存在充分的实施动力，又具有吸纳和整合社会监督力量的功能。重视民事诉讼在实现食品安全治理方面所具有的功能，主要包括以下方面。

（一）发挥连带责任的功能

1. 销售者的连带责任

农产品质量安全问题归根结底在于生产者的行为，但是由于我国当前的农产品生产者主要是分散的农户，其承担民事责任的能力有限，向生产者索赔往往费时费力还达不到目的。对此，可以通过销售者的连带责任予以解决。

农产品销售者是消费者直接面对的主体，容易实施索赔，而且销售者在与生产者的交易关系中居于强势地位，特别是大型农产品批发市场和农产品销售企业（特别是大型超市）。它们是农产品的主要销售渠道，在与农产品生产者的交易关系中居于强势地位，具有很大的话语权，通过让销售者承担连带责任，可以促使其加强进货管理，从而对农产品生产者起到强有力的监督制约作用。

销售者销售不符合质量安全标准的农产品，首先构成对消费者的违约责任，如果给消费者造成损害，还与生产者一起构成对消费者的侵权责任（连带责任）。对于前者，《合同法》《消费者权益保护法》等法律均有规定。对于后者，《农产品质量安全法》第 54 条规定："生产、销售本法第三十三条所列农产品，给消费者造成损害的，依法承担赔偿责任。农产品批发市场中销售的农产品有前款规定情形的，消费者可以向农产品批发市场要求赔偿；属于生产者、销售者责任的，农产品批发市场有权追偿。消费者也可以直接向农产品生产者、销售者要求赔偿。"但是，该法律条文仅仅规定了农产品批发市场的责任，没有规定其他类型农产品销售者的责任，可以说是一种漏洞。对此，可以通过适用《消费者权益保护法》《侵权责任法》等法律予以解决。《消费者权益保护法》第 40 条规定："消费者或者其他受害人因商品缺陷造成人身、财产损害的，可以向销售者要求赔偿，也可以向生产者要求赔偿"。《侵权责任法》第 43 条第 1 款规定："因产品存在缺陷造成损害的，被侵权人可以向产品的生产者请求赔偿，也可以向产品的销售者请求赔偿。"

2. 第三方信息披露主体的连带责任

在农产品生产者与消费者之间存在比较严重的信息不对称，导致市场机制的失灵，这是农产品生产者敢于生产、销售劣质农产品的重要原因。尽管法律要求生产者对重要信息予以公开，但是对消费者而言，其效果有限，因此，一个更便捷的方法是由第三方主体进行监督制约。如认证机构，它们比消费者更专业，可以在一定程度上解决生产者与消费者之间的信息不对称问题，降低消费者的信息成本，激励生产者关注农产品质量和安全等。但是，这依赖于这些主体的尽职尽责，而发生问题后承担连带赔偿责任是促使其尽职尽责的一个有效方式。

对于认证机构，《产品质量法》第 57 条规定，认证机构对不符合认证标准而使用认证标志的产品，未依法要求其改正或者取消其使用认证标志资格的，对因产品不符合认证标准给消费者造成的损失，与产品的生产者、销售者承担连带责任。《认证认可条例》第 62 条也规定，认证机构出具虚假的认证结论，或者出具的认证结论严重失实而造成损害的，应当承担相应的赔偿责任。

通过连带责任，可以促使认证机构认真履行职责，强化审核和追踪检查，从而对生产经营者形成较强的专业性监督。

除了认证，另一种最为常见的信息披露渠道是广告。在传媒发达的当代社会，农产品生产经营者特别是大型企业习惯于通过广告营造品牌。在广告中，生产经营者会对农产品的品质、安全性进行宣传，经营者也热衷于这种宣传，特别是在农产品质量安全问题成为社会热点的环境下。由于广告的这种信息沟通效应，农产品生产经营者在进行广告宣传时，对于农产品质量安全信息有可能会避重就轻，误导消费者，甚至进行虚假宣传。对此，除了需要对农产品生产经营者设定法律责任外，还需要广告经营者、广告发布者和广告代言人的监督，而这离不开法律责任的督促。

对于广告经营者和广告发布者发布虚假广告的行为，《中华人民共和国广告法》（以下简称《广告法》）第 38 条规定了民事责任："广告经营者、广告发布者在明知或者应知广告虚假时应当承担连带责任，在不能提供广告主的真实名称、地址时应当承担全部民事责任。"《广告法》没有规定作为个人的广告代言人的民事责任，仅规定了社会团体或者其他组织在虚假广告中向消费者推荐商品或者服务，使消费者的合法权益受到损害的，应当承担连带责任（第 38 条第3款)。这可以说是一个疏漏。后来的《食品安全法》对此予以了弥补，该法第55条规定:“社会团体或者其他组织、个人在虚假广告中向消费者推荐食品，使消费者的合法权益受到损害的，与食品生产经营者承担连带责任。”新修改的《消费者权益保护法》第45条第2~3款也规定:“广告经营者、发布者设计、制作、发布关系消费者生命健康商品或者服务的虚假广告，造成消费者损害的，应当与提供该商品或者服务的经营者承担连带责任。社会团体或者其他组织、个人在关系消费者生命健康商品或者服务的虚假广告或者其他虚假宣传中向消费者推荐商品或者服务，造成消费者损害的，应当与提供该商品或者服务的经营者承担连带责任。”只有让广告经营者、广告发布者和广告代言人对虚假广告承担法律责任，才能督促他们尽职尽责，做好监督。但是，由于他们并不具有农产品质量安全信息方面的知识和专业技术，而且他们与生产经营者之间实际上也存在一定的信息不对称，因此，对其法律责任的规定也不宜过于严格。

(二) 发挥“职业打假”的监督作用

“职业打假”人士的活动可以弥补普通消费者缺乏索赔积极性的问题，以及政府监管部门监管能力不足的问题，形成社会性的监督制约力量。

对于“职业打假”，社会各界存在很多争议，笔者认为应当从其社会效果出发来看待。职业打假人士通过“知假买假”来获取惩罚性赔偿金，虽然具有“不义之财”的性质，但是，行政主管部门的监管同样也会存在“寻租”这样的“不义之财”问题。如果把“知假买假”的“不义之财”与行政监管中的“寻租”进行对比，就抑制生产经营者生产、销售劣质农产品来说，行政监管中的“寻租”会导致监管者懈怠、失职，放纵生产经营者生产、销售劣质农产品的行为；而“知假买假”中的“不义之财”却可以激励职业打假人士睁大眼睛寻找不符合质量安全标准的劣质农产品，抑制生产经营者生产、销售劣质农产品的行为。两相比较就可以看出，两种同样不具有道德正当性而又无法避免的东西中，哪一种更应该被容忍。

因此，对于“职业打假”诉讼不应该持消极态度，而应当对其进行鼓励，以此形成对假冒伪劣现象的社会监督制约力量。最高人民法院于2013年12月9日公布的《关于审理食品药品纠纷案件适用法律若干问题的规定》中第3条规定：“因食品、药品质量问题发生纠纷，购买者向生产者、销售者主张权利，生产者、销售者以购买者明知食品、药品存在质量问题而仍然购买为由进行抗辩的，人民法院不予支持。”从中可以看出，该司法解释对于“知假买假”的“职业打假”行为也是持鼓励态度。

需要指出的是，我国《农产品质量安全法》中并没有关于惩罚性赔偿的规定，而《食品安全法》中虽然有“十倍赔偿”的规定，但是，由于《农产品质量安全法》与《食品安全法》没有衔接好，《食品安全法》中的“十倍赔偿”规定无法适用于农产品，因此仅能适用《消费者权益保护法》的规定。这个问题需要通过修改《食品安全法》来解决。

第四章　农产品质量安全立法缺陷问题

第一节　农产品质量安全立法缺陷：影响农产品质量安全监管和法律责任实施效果的前提因素

农产品质量安全监管和法律责任实施不到位是影响农产品质量安全的外在因素。究其实施不到位的原因，一方面受监管部门的人员、技术、设备等客观条件和监管部门工作人员的责任心、动力、动机等主观积极性的影响，另一方面也与农产品质量安全立法本身存在某些不合理之处有关。

按照我国《中华人民共和国立法法》规定的法律渊源体系，农产品质量安全立法主要包括：全国人民代表大会及其常务委员会制定的专门法律——《农产品质量安全法》和《食品安全法》以及其他相关法律（如《消费者权益保护法》《刑法》等），国务院制定的相关行政法规，省、自治区、直辖市和较大的市的人民代表大会及其常务委员会制定的相关地方性法规，国务院相关行政主管部门制定的规章（包括农产品质量安全标准），省、自治区、直辖市和较大的市的人民政府制定的相关规章。这些法律、法规、规章、标准等构成了农产品质量安全监管和法律责任的前提和依据。然而它们却存在一些问题，其中比较突出的是《农产品质量安全法》与《食品安全法》的衔接问题和农产品质量安全标准的合理性问题。可以说，农产品质量安全立法的缺陷成为影响农产品质量安全监管和法律责任实施效果的前提因素。

一、《农产品质量安全法》与《食品安全法》的衔接问题

食用农产品的质量安全既是农产品质量安全的核心，也是食品安全的基础。我国目前涉及食用农产品质量安全管理的法律有两部：一是《农产品质量安全法》，二是《食品安全法》。这两部法律制定于不同的时间，有着不同的立法背景、任务和重心，需要在适用上能够很好地衔接。

《食品安全法》第2条第2款规定：“供食用的源于农业的初级产品（以下称食用农产品）的质量安全管理，遵守农产品质量安全法的规定。但是，制定有关食用农产品的质量安全标准、公布食用农产品安全有关信息，应当遵守本法的有关规定。”这一规定好像解决了两部法律的衔接问题，但实际上并非如此。

（一）将食用农产品与加工食品分开，适用不同的法律，会出现归类上的难题，从而导致法律适用的难题

虽然《农产品质量安全法》和《食品安全法》均规定农产品是指来源于农业的初级产品，但这一定义过于简单，各有关部门的理解各不相同。常见的问题是：经过了初步加工（如清洗、切

割等）的农产品，还是不是农产品？如清洗、切割、分拣、去皮、剥壳、冷冻、粉碎、干燥、浸泡、保鲜等。体现在具体品种上，常见的蔬果干、水发食品、茶叶、海鲜干货等，哪些是农产品，哪些是普通食品？这些问题极易造成相关监管部门之间的分歧和推诿。

另外一个更常见的难题是，把食用农产品进行简单包装然后销售，属于食用农产品还是预包装的加工食品？适用《农产品质量安全法》还是《食品安全法》？

例如，在“李某学诉深圳市永某盛工贸有限公司消费者权益纠纷案”[1]中，原告在超市购买了被告公司生产经营的有机食品系列绿豆、红豆、黄豆、黑豆、花生，之后以该食品为预包装食品、不符合食品安全标准为由，诉至法院，要求被告依据《食品安全法》第96条支付食品价款11倍的赔偿金。而被告则辩称：由国家商务部、财政部、国家税务总局公布的《食用农产品范围注释》中的第1条第1款以及第4款中规定，豆类和花生类均属于食用农产品的范围。被告生产经营的有机食品系列绿豆、黄豆、黑豆、花生，其生产工艺只是经过简单的挑选、包装，并没有进行其他的深加工处理，属于食用农产品。虽然法院在案件审理中以原告并未提供证据证实被告生产经营的食品存在不符合食品安全标准的情形，也没有造成人身、财产或者其他损害等为由，未支持原告的诉讼请求，回避了此问题，但是该案也反映了将食用农产品与加工食品分开适用不同的法律存在着问题，很具有代表性。

[1] 详见第四章典型案例——李某学诉深圳市永某盛工贸有限公司消费者权益纠纷案。

（二）《食品安全法》第2条第2款的规定导致《食品安全法》与《农产品质量安全法》形成排斥关系，在一些制度上出现衔接的空白

按照《食品安全法》第2条第2款的规定，制定有关食用农产品的质量安全标准和公布食用农产品安全有关信息适用《食品安全法》，其他方面的法律制度则适用《农产品质量安全法》。[1] 这样，两部法律之间成为一种"非此即彼"的排斥关系。如果除了制定安全标准和公布安全信息之外的其他法律制度一律适用《农产品质量安全法》，那么当《农产品质量安全法》没有规定时，即使《食品安全法》有规定也不能适用，这就会出现衔接的空白。

例如，《食品安全法》规定了十倍赔偿责任（第96条）、食品广告的管理与连带责任（第54条、第55条）、集中交易市场开办者的连带责任（第52条第2款）等，规定了建立生产经营者信用档案（第79条），而《农产品质量安全法》对此均没有规定，但是按照《食品安全法》第2条第2款的规定，这些法律制度将无法适用于食用农产品。

[1] 《食品安全法》第2条第2款用了两个"遵守"来确定《食品安全法》与《农产品质量安全法》之间的关系。"遵守"可以理解为"均适用"，也可以理解为"唯一适用"。这两个"遵守"出现在同一条文之中，含义应当相同。如果把它们理解为"均适用"，那么《食品安全法》第2条第2款的含义就是："食用农产品的质量安全管理，既适用本法的规定，也适用农产品质量安全法的规定。制定有关食用农产品的质量安全标准、公布食用农产品安全有关信息，既适用本法的规定，也适用农产品质量安全法的规定。"这在逻辑上显然存在问题，因为后一句话没有意义。如果把它们理解为"唯一适用"，那么《食品安全法》第2条第2款的含义就是："食用农产品的质量安全管理，只能适用农产品质量安全法的规定。制定有关食用农产品的质量安全标准、公布食用农产品安全有关信息，只能适用本法的规定。"这在逻辑上不存在任何问题。

（三）《食品安全法》第2条第2款的规定导致该法的一些条款事实上成为无效条款

《食品安全法》的有些条款是专门针对食用农产品质量安全管理的，但是如果这些条款不属于制定安全标准或公布安全信息的范畴，则将无法适用于食用农产品，从而导致该条款事实上成为无效条款。

例如，《食品安全法》第13条第3款规定：“对农药、肥料、生长调节剂、兽药、饲料和饲料添加剂等的安全性评估，应当有食品安全风险评估专家委员会的专家参加。”该规定是对《农产品质量安全法》中的安全风险评估制度（第6条）的补充。然而依据《食品安全法》第2条第2款的规定，安全风险评估制度只能适用《农产品质量安全法》，这样，《食品安全法》第13条第3款的规定就成为一个无效条款。

再如，《食品安全法》第35条规定：“食用农产品生产者应当依照食品安全标准和国家有关规定使用农药、肥料、生长调节剂、兽药、饲料和饲料添加剂等农业投入品。食用农产品的生产企业和农民专业合作经济组织应当建立食用农产品生产记录制度。县级以上农业行政部门应当加强对农业投入品使用的管理和指导，建立健全农业投入品的安全使用制度。”这是关于农业投入品使用的管理。同样，依据《食品安全法》第2条第2款的规定，相关制度只能适用《农产品质量安全法》。虽然《农产品质量安全法》也有相同的规定（第20条、第24条、第25条），不会出现法律漏洞，但是，《食品安全法》第35条因此而事实上成为一个毫无意义的无效条款。

（四）《食品安全法》第2条第2款的规定导致《农产品质量安全法》的一些缺陷无法通过《食品安全法》来弥补

对于《食品安全法》和《农产品质量安全法》均作了规定的制度，本身不存在衔接空白的问题，但是，由于《食品安全法》制定得比《农产品质量安全法》晚，对这些制度的规定相对更加详细完备，能够克服《农产品质量安全法》实施中出现的一些缺陷问题。然而按照《食品安全法》第2条第2款的规定，除了制定安全标准和发布安全信息两项制度以外，其他制度只能适用《农产品质量安全法》，这就使得《农产品质量安全法》存在的缺陷无法通过适用《食品安全法》来弥补。

例如，对于风险监测制度，《农产品质量安全法》第34条也作了规定，但是没有规定对什么风险问题进行监测；而《食品安全法》第11条则作了规定，但是无法适用于食用农产品。

再如，对于农产品召回制度，《农产品质量安全法》并未明确规定，仅在第50条规定了“追回已经销售的农产品，对违法销售的农产品进行无害化处理或者予以监督销毁”；而《食品安全法》则明确规定了召回制度（第53条），但是无法适用于食用农产品。

再如，对于监管部门的监督检查措施，《农产品质量安全法》第39条规定了现场检查、查阅和复制资料、查封和扣押产品等措施，但是没有规定“查封场所”；而《食品安全法》第77条则作了规定，但是无法适用于食用农产品。

此外，还有进出口管理、事故处理等方面的制度，《农产品质量安全法》仅用了一条进行规定（第40条、第42条），而《食品安全法》则用了一章（第6章、第7章）进行规定，后者比前者的内容详细完备得多，然而却无法适用于食用农产品。

综上所述，食用农产品与加工食品是食品的两大门类，如果绝大部分的食用农产品质量安全管理法律制度不适用于《食品安全法》，那么《食品安全法》将失去至少一半的功能。

典型案例：毒豆芽归谁监管❶

一个小小的“豆芽”在政府的职能管理中牵涉工商、质监、农委、公安4家，而在过去的实际管理过程中，却形成了好事“人人都管”、坏事“人人不管”的局面。

2011年4月8日，沈阳市公安局皇姑分局龙江派出所接到群众举报：和平区浑河堡乡下河湾村有人生产销售有害豆芽。龙江派出所迅速开展工作，于4月9日提取到疑似有害豆芽样本。经检测，豆芽中含有亚硝酸钠、尿素、恩诺沙星、6—苄基腺嘌呤激素。其中，人食用含亚硝酸钠的食品会致癌；而恩诺沙星是动物专用药物，禁止在食品中添加。这一情况引起沈阳市打假办高度重视。沈阳市打假办调查发现，沈阳市场至少1/3的豆芽都存在类似问题。

为从根本上解决“毒豆芽”的监管问题，让市民以后能够吃上“放心豆芽”，沈阳市打假办会同公安、工商、质监、农委等部门，召开了专题会议进行研究。在专题会议上，各个职能部门各抒己见，工商、质监、农委等部门均称“不归我管”，并阐述了各自的理由。

工商部门表示：在现实生活中，存在未取得食品生产许可证同时无照经营的行为，这种行为不能一概以“无照经营”处罚，否则

---

❶ 沈阳查获40吨毒豆芽 各监管部门均称不归我管［EB/OL］. http：//health. sina. com. cn/news/2011－04－20/082422325032. shtml，2011－04－20.

就掩盖了无食品生产许可证的事实。同时，对食品生产领域的监管应该由质监局负责，不应该由工商部门负责。

质监部门表示：如果将豆芽菜作为《产品质量法》调整的产品，将会导致立法和执法的混乱，所以豆芽菜应认定为初级农产品，归农业主管部门监管合适，由质监部门监管则不合适。

农委部门表示：按照《农产品质量安全法》规定，在农业活动中获得的动物、植物、微生物初级产品是初级农产品，由农业部门负责监管。而豆芽菜不是初级农产品，是初级农产品的加工品，不应由农业行政部门负责监管。市农委还拿出了上级针对此事的批件。

在这一事件中，质监部门认为，豆芽菜为初级农产品，应当归农业主管部门监管；农业行政部门则认为，豆芽菜不是初级农产品，是初级农产品的加工品，不应由农业行政部门负责监管。这说明，将食用农产品与加工食品分开适用不同的法律，会出现归类上的难题，极易造成相关监管部门之间的分歧和推诿，导致监管不到位。

二、农产品质量安全标准的合理性问题

农产品质量安全标准是为了保证农产品质量安全，对农产品生产经营过程中影响农产品质量安全的各种要素以及各关键环节所规定的统一技术要求。

在我国，农产品质量安全标准具有强制性[1]，它主要由国务院卫

[1] 《农产品质量安全法》第 11 条规定："农产品质量安全标准是强制性的技术规范。"《食品安全法》第 19 条规定："食品安全标准是强制执行的标准。"

生或农业行政部门制定，从法律性质上来说属于“规章”。因此，农产品质量安全标准的合理性问题也属于立法问题。

（一）农产品质量安全标准的合理性是农产品质量安全法律治理的核心

农产品质量安全标准是确定农产品质量是否符合法律要求的技术依据。它是政府基于对农产品质量安全风险的认识和评估而做出的风险管理，决定什么样的农产品质量安全风险是法律和政府可以容忍的，什么样的农产品质量安全风险是法律和政府不可以容忍的。

农产品质量安全风险是客观存在的，不可能根除，人们所需要做的是认识这种风险（风险评估），然后做出恰当的风险管理：哪些需要容忍，哪些不能容忍。对风险的认识和管理有农产品生产经营者、消费者和政府的区分。农产品生产经营者对农产品质量安全风险的认识和管理取决于其技术水平、经营理念、市场环境和法律的约束等。消费者对农产品质量安全风险的认识和管理则取决于自己的信息、知识、判断、理性水平和风险癖好等。政府对农产品质量安全风险的认识和管理取决于其技术水平和政策考量，体现为农产品质量安全风险监测、农产品质量安全风险评估、农产品质量安全风险警示和制定农产品质量安全标准等活动，并最终以制定农产品质量安全标准的形式确定。三者各自独立，同时又相互影响，并最终在农产品质量安全标准上达成共识：农产品生产经营者依据农产品质量安全标准生产、销售农产品，消费者参照农产品质量安全标准选择购买农产品，政府依据农产品质量安全标准进行农产品质量安全监管。因此，农产品质量安全标准的合理性可以说是农产品质量安全法律治理的核心。

（二）农产品质量安全标准的合理性取决于标准制定过程中的科学性、民主性

由于农产品质量安全标准直接对农产品生产经营者具有约束作用，农产品生产经营者为了自己的商业利益，很容易通过各种方式对其施加影响，这就需要一套有效的法律制度来确保农产品质量安全标准制定过程中的科学性、民主性，避免受到不良因素的干扰和影响。

《农产品质量安全法》第14条规定："农产品质量安全标准由农业行政主管部门商有关部门组织实施。"《食品安全法》第2条第2款规定，"制定有关食用农产品的质量安全标准……，应当遵守本法的有关规定。"《食品安全法》第21条第1~3款规定："食品安全国家标准由国务院卫生行政部门负责制定、公布，国务院标准化行政部门提供国家标准编号。食品中农药残留、兽药残留的限量规定及其检验方法与规程由国务院卫生行政部门、国务院农业行政部门制定。屠宰畜、禽的检验规程由国务院有关主管部门会同国务院卫生行政部门制定。"《食品安全法》第22条第1款规定："国务院卫生行政部门应当对现行的食用农产品质量安全标准、食品卫生标准、食品质量标准和有关食品的行业标准中强制执行的标准予以整合，统一公布为食品安全国家标准。"

农产品质量安全标准虽然是由国务院卫生或农业主管部门来制定和发布，但是其具体制定工作是由标准审评委员会来承担。《食品安全法》第23条第1款规定："食品安全国家标准应当经食品安全国家标准审评委员会审查通过。食品安全国家标准审评委员会由医学、农业、食品、营养等方面的专家以及国务院有关部门的代表组成。"2010年10月20日卫生部发布的《食品安全国家标准管理办

法》，对食品安全国家标准的具体制定程序进行了规定，包括：①规划、计划和立项。卫生部会同国务院有关部门制定食品安全国家标准规划及其实施计划。卫生部根据食品安全国家标准规划及其实施计划和食品安全工作需要制定食品安全国家标准制（修）订计划。国务院有关部门和任何公民、法人及其他组织可以提出食品安全国家标准立项建议。审评委员会向卫生部提出制定食品安全国家标准制（修）订计划的咨询意见。②起草。卫生部采取招标、委托等形式，择优选择具备相应技术能力的单位承担食品安全国家标准起草工作。③审查。需要先经过秘书处初步审查和公开征求意见，然后由审评委员会专业分委员会会议对标准的科学性、实用性进行审查，专业分委员会审查通过的标准，由专业分委员会主任委员签署审查意见后，提交审评委员会主任会议审议；审评委员会主任会议审议通过的标准草案，经审评委员会技术总师签署审议意见，审核通过的标准由卫生部卫生监督中心报送卫生部。④批准和发布。审查通过的标准，以卫生部公告的形式发布。

这些规定为农产品质量安全标准制定的科学性、民主性提供了制度保障，然而在我国当前，农产品质量安全标准的合理性仍然存在问题，有的标准引发了人们的质疑。例如 2010 年的“生乳新国标”的争议，从其公布之日起就沸沸扬扬地不断持续。

典型案例：生乳标准争议[1]

2010 年 3 月 26 日，卫生部发布了《生乳食品安全国家标准》

[1] 摘自：卫生部拒公开生乳新国标会议纪要 法院判令重新答复［EB/OL］. http://www.infzm.com/content/82230；消费者申请公开生乳新国标纪要 卫生部被判答复［EB/OL］. http://business.sohu.com/20121022/n355378765.shtml，2012－10－22.

(GB19301—2010)，取代了2003年制定的《鲜乳卫生标准》(GB 19301—2003)。在新标准中，有关生乳收购的两项标准发生了变化。此前，生乳收购标准是每毫升细菌总数不超过50万个，蛋白质含量最低每百克含2.95克。而新标准中，生乳收购中每毫升细菌总数提高到不超过200万个，而蛋白质最低含量下调至2.8克。新标准中蛋白质含量远低于发达国家3克以上的标准，而菌落总数放宽数倍后是美国、欧盟（10万个）标准的20倍。这一标准因此被业界和消费者称为“一夜之间倒退了25年”，再次引发公众对我国乳制品行业的信任危机。

对此，曾任中国奶业协会常务理事的广州市奶业协会理事长王丁棉“炮轰”此标准为“全球最差，是全球乳业的耻辱”，并称“中国生乳标准被个别生产常温奶的大企业绑架”。标准讨论期间，他们一直反对降低标准，只是反对无效。地方奶协和专家提的20条意见基本没有被采纳，制定乳业标准出现一边倒的声音和结果，这就不正常了。

在这场口水战中，有行业专家称，新标准“对消费者、对奶农都有好处”。标准低了，奶农能达到这个标准，起码能让消费者喝上没有添加剂的真正的牛奶。

在这场大论战中，一位名叫赵正军的郑州消费者向卫生部叫板，要求卫生部公开政府信息，看看新标准的制定有没有被企业“绑架”，反对倒退的声音到底多不多。2012年1月，赵正军向卫生部政务公开办公室提出了信息公开申请，要求公开生乳新国标制定时“食品安全国家标准审评委员会（以下简称食安国标委）编写的会议纪要”。1月20日，卫生部在其3次申请问询下答复称，其申请的信息不属于公开范围。卫生部称，赵正军申请公开的政府信息的制作单位是食品安全国家标准审评委员会，非卫生部；会议纪要不属于卫生部政府信息公开范围；该会议纪要一旦公开，可能“影响社会稳定，增加行政管理工作负担”。

2月16日，赵正军将卫生部起诉到北京市第一中级人民法院。庭审中，卫生部提出拒绝公开的依据之一是国务院办公厅《关于做好政府信息依申请公开工作的意见》（国办发〔2010〕5号文件）。这份文件中规定，行政机关在日常工作中制作或者获取的内部管理信息以及处于讨论、研究或者审查中的过程性信息，一般不属于《中华人民共和国政府信息公开条例》中所指应公开的政府信息。法院经审理后认为，行政机关制作的政府信息，由制作该政府信息的行政机关负责公开。根据《食品安全法》及《中华人民共和国食品安全法实施条例》，卫生部是食品安全国家标准的制定机关，审评委员会对于食品安全国家标准的审查是国标制定过程中的一项法定程序，属于卫生部履职的一个环节。因此，上述会议纪要属于卫生部在履职过程中制作的政府信息，卫生部的答复理由缺乏事实和法律依据，判令卫生部在法定期限内对赵正军的政府信息公开申请予以重新答复。同时，法院认为，此案不涉及上述会议纪要是否应当公开的问题，因此驳回了赵正军要求判令卫生部公开会议纪要的诉讼请求。

此案判决后，卫生部新闻发言人邓海华在接受媒体采访时表示：“卫生部收到判决书后，将根据法院判决重新做出答复。”而赵正军则在接受记者采访时表示：“如果对答复不满意，我还将起诉卫生部。”

在这一事件中，公众对卫生部发布的《生乳食品安全国家标准》

（GB19301—2010）的合理性提出质疑，认为是被企业“绑架”了。一位名叫赵正军的郑州消费者更是诉诸法律程序，先是向卫生部提出了信息公开申请，要求卫生部公开该标准制定时“食品安全国家标准审评委员会的会议纪要”。卫生部则答复称，该会议纪要不属于公开范围。法院经审理后认为：卫生部是食品安全国家标准的制定机关，审评委员会对于食品安全国家标准的审查是标准制定过程中的一项法定程序，属于卫生部履职的一个环节。因此，该会议纪要属于卫生部在履职过程中制作的政府信息，卫生部的答复理由缺乏事实和法律依据。法院最后判令卫生部在法定期限内对赵正军的政府信息公开申请予以重新答复。同时，法院认为，此案不涉及该会议纪要是否应当公开的问题，因此驳回了赵正军要求判令卫生部公开会议纪要的诉讼请求。该案的最终处理结果实际上仍然是卫生部不会公开该会议纪要，因此，公众仍然无从了解该标准在制定过程中是否被企业“绑架”。

第二节　法律对策

一、修改《食品安全法》，解决《农产品质量安全法》与《食品安全法》的衔接问题

食用农产品既属于农产品，也属于食品；食用农产品的质量安全管理既涉及《食品安全法》，也涉及《农产品质量安全法》。这就需要两部法律之间能够合理分工与协作，需要通过修改《食品安全

法》来解决《农产品质量安全法》与《食品安全法》的衔接问题。

(一)《食品安全法》的修改思路

(1)《农产品质量安全法》与《食品安全法》的分工：《农产品质量安全法》的重点应当在于食用农产品生产过程中的质量安全管理，特别是农业投入品生产和使用的监管。当食用农产品完成生产、进入销售环节，就应当遵守《食品安全法》的规定。

食用农产品的质量安全问题主要来自生产环节。其中，首要的、直接的影响因素是农业投入品的使用。从近年来发生的食品安全重大事件和社会热点问题来看，食品安全问题的源头和公众对食品安全问题的担扰主要集中在两大领域：一是食用农产品的生产中滥用农业投入品；二是加工食品的生产中滥用食品添加剂和非法添加物。因此，对农业投入品的生产和使用进行有效监管，是从源头上治理食品安全问题的重要任务。

对于农业投入品的监管，我国目前已经有《农产品质量安全法》和《农药管理条例》《兽药管理条例》《饲料和饲料添加剂管理条例》《肥料登记管理办法》等行政法规、规章进行了比较详细的规定，《食品安全法》只在农业投入品的安全性评估、农业投入品的残留标准的制定等方面进行了规定。因此，对于食用农产品在生产环节产生的质量安全问题，可以不适用《食品安全法》，而适用《农产品质量安全法》及其相关的行政法规、规章，这些法律以及行政法规、规章规定得已经比较详细，《食品安全法》没有必要再重复规定和适用。

但是，食用农产品在生产环节的质量安全问题未必能够在生产环节被发现，很多是在销售和消费环节才被发现的。特别是在市场经济下，食用农产品的主要去向是销售，而非自食。因此，食用农产品在完成生产而进入销售环节后，还应当对之进行全方位的管理，以发现问题并解决问题。这些管理制度包括：事前的监测、评估、标准制定、信息发布，事中的检验、监督检查，事后的事故处理、责任追究，等等。《食品安全法》对此进行了比较全面的规定，《农产品质量安全法》的规定则相对粗略，因此应当遵守《食品安全法》的规定。

本轮的国务院机构改革，实际上也体现了上述理念。《国家食品药品监督管理总局主要职责内设机构和人员编制规定》规定："农业部门负责食用农产品从种植养殖环节到进入批发、零售市场或生产加工企业前的质量安全监督管理，负责兽药、饲料、饲料添加剂和职责范围内的农药、肥料等其他农业投入品质量及使用的监督管理。食用农产品进入批发、零售市场或生产加工企业后，按食品由食品药品监督管理部门监督管理。农业部门负责畜禽屠宰环节和生鲜乳收购环节质量安全监督管理。"

农业部门负责食用农产品从种植养殖环节到进入批发、零售市场或生产加工企业前的质量安全监督管理，负责农业投入品质量及使用的监督管理，所依据的法律主要就是《农产品质量安全法》及其相关的行政法规、规章。

食品药品监督管理部门负责食用农产品进入批发、零售市场或生产加工企业后的监督管理，所依据的法律则主要是《食品安全法》及其相关的行政法规、规章。

这样，两部法律和两个监管部门之间的分工关系将比较明确。

当然，生产与销售之间的界限有时并非截然分开，中间可能会存在一些过渡环节，如包装、保鲜、贮存、运输等，对此，《农产品质量安全法》有一些规定，《食品安全法》也可以进行规定，只要内容一致，重复规定并无不妥，既可以适用《农产品质量安全法》，也可以适用《食品安全法》，关键是确定由哪个部门进行监管。

（2）《农产品质量安全法》与《食品安全法》的协作：《农产品质量安全法》与《食品安全法》应当是互补关系，而不是排斥关系。

从法律逻辑上说，两部（或以上）涉及相同调整对象的法律之间会存在两种关系：一是互补关系，二是排斥关系。

如果是互补关系，那么两部法律均适用。对于其中的某个事项，当其中一部法律有规定而另一部法律没有规定时，适用有规定的那部法律；当两部法律都有规定时，如果不存在冲突，则均可适用，如果存在冲突，则只适用其中一部。这样，两部法律并不存在衔接的难题。

如果是排斥关系，那么两部法律中只能适用一部。对于其中的某个事项，当所适用的那部法律没有规定时，即使另一部法律有规定，也不能适用。这就会出现衔接的难题。

因此，为了避免出现衔接的难题，两部涉及相同调整对象的法律之间应当采用互补关系，而不是排斥关系。例如，《食品安全法》第101条规定："乳品、转基因食品、生猪屠宰、酒类和食盐的食品安全管理，适用本法；法律、行政法规另有规定的，依照其规定。"这就是一种互补关系。

目前，《食品安全法》第2条第2款的规定导致《食品安全法》与《农产品质量安全法》是一种"非此即彼"的排斥关系，从而出现衔接的难题。对此，应当改为互补关系，使两部法律在食用农产品质量安全管理方面实现“无缝对接”。

（二）《食品安全法》修改建议

（1）将《食品安全法》第2条第2款的规定修改为：“供食用的源于农业的初级产品（以下称食用农产品）的质量安全管理，适用本法；食用农产品生产过程的安全管理、农业投入品质量及使用的管理，《农产品质量安全法》及其他法律、行政法规另有规定的，依照其规定。”

理由：《农产品质量安全法》的重点应当在于食用农产品生产过程中的质量安全管理，特别是对农业投入品生产和使用的监管。当食用农产品完成生产而进入销售环节，就应当遵守《食品安全法》的规定。

（2）将《农产品质量安全法》中关于食用农产品的包装、保鲜、贮存、运输等方面的规定与《食品安全法》中的相关规定予以整合和完善，纳入《食品安全法》。

（3）在第4条中增加1款：“农业部门负责食用农产品从种植养殖环节到进入批发、零售市场或生产加工企业前的质量安全监督管理，负责兽药、饲料、饲料添加剂和职责范围内的农药、肥料等其他农业投入品质量及使用的监督管理。食用农产品进入批发、零售市场或生产加工企业后，按食品由食品药品监督管理部门监督管理。农业部门负责畜禽屠宰环节和生鲜乳收购环节质量安全监督管理。”

理由：将《国家食品药品监督管理总局主要职责内设机构和人员编制规定》中关于“国家食品药品监督管理总局与农业部的有关职责分工”的内容纳入《食品安全法》。

二、通过制度保障农产品质量安全标准制定过程中的科学性、民主性

《农产品质量安全法》第 12 条规定：“制定农产品质量安全标准应当充分考虑农产品质量安全风险评估结果，并听取农产品生产者、销售者和消费者的意见，保障消费安全。”

《食品安全法》第 23 条第 2 款规定：“制定食品安全国家标准，应当依据食品安全风险评估结果并充分考虑食用农产品质量安全风险评估结果，参照相关的国际标准和国际食品安全风险评估结果，并广泛听取食品生产经营者和消费者的意见。”

这些法律规定是对农产品质量安全标准制定的科学性、民主性的要求。

农产品质量安全标准制定的科学性，主要体现在必须以科学为依据，具体来说就是应当以农产品质量安全风险评估结果为依据，并参照国际标准。这实际上意味着专家的话语决定权。

农产品质量安全标准制定的民主性，主要体现在“要广泛听取意见”。这是对专家的话语决定权可能会出现的弊端的矫正。《农产品质量安全法》第 12 条规定要“听取农产品生产者、销售者和消费者的意见”，《食品安全法》第 23 条规定要“广泛听取食品生产经营者和消费者的意见”。就农产品生产经营者来说，这似乎不成问题。现在越来越多的农产品生产经营者特别是大型企业认识到影响标准的制定对自己的好处，因此有充分的积极性参与其中，包括直接参与起草，也包括利用行业协会参与起草。然而对消费者来说，情况就大不一样，消费者数量众多且分散，虽然法律规定了通过媒

体征求意见的环节，但是消费者参与的积极性并不高。对此，一种解决办法是通过消费者协会参与；另一种解决办法是设定一种程序，安排起草者、评审者之外的专家代表公众参与，利用专家监督专家。

“阳光是最好的防腐剂”，保障农产品质量安全标准制定的科学性、民主性的另外一项制度就是信息公开——整个标准制定程序中的各环节信息一律公开，让社会公众进行监督。而“赵正军诉卫生部案”所叩问的就是这一点。

附　相关法律法规

中华人民共和国农产品质量安全法

（第十届全国人民代表大会常务委员会第二十一次会议于2006年4月29日通过，自2006年11月1日起施行）

目录

第一章　总则

第一条　为保障农产品质量安全，维护公众健康，促进农业和农村经济发展，制定本法。

第二条　本法所称农产品，是指来源于农业的初级产品，即在农业活动中获得的植物、动物、微生物及其产品。

本法所称农产品质量安全，是指农产品质量符合保障人的健康、安全的要求。

第三条　县级以上人民政府农业行政主管部门负责农产品质量安全的监督管理工作；县级以上人民政府有关部门按照职责分工，负责农产品质量安全的有关工作。

第四条　县级以上人民政府应当将农产品质量安全管理工作纳入本级国民经济和社会发展规划，并安排农产品质量安全经费，用于开展农产品质量安全工作。

第五条　县级以上地方人民政府统一领导、协调本行政区域内的农产品质量安全工作，并采取措施，建立健全农产品质量安全服务体系，提高农产品质量安全水平。

第六条　国务院农业行政主管部门应当设立由有关方面专家组成的农产品质量安全风险评估专家委员会，对可能影响农产品质量安全的潜在危害进行风险分析和评估。

国务院农业行政主管部门应当根据农产品质量安全风险评估结果采取相应的管理措施，并将农产品质量安全风险评估结果及时通报国务院有关部门。

第七条　国务院农业行政主管部门和省、自治区、直辖市人民政府农业行政主管部门应当按照职责权限，发布有关农产品质量安全状况的信息。

第八条 国家引导、推广农产品标准化生产，鼓励和支持生产优质农产品，禁止生产、销售不符合国家规定的农产品质量安全标准的农产品。

第九条 国家支持农产品质量安全科学技术研究，推行科学的质量安全管理方法，推广先进安全的生产技术。

第十条 各级人民政府及有关部门应当加强农产品质量安全知识的宣传，提高公众的农产品质量安全意识，引导农产品生产者、销售者加强质量安全管理，保障农产品消费安全。

第二章　农产品质量安全标准

第十一条 国家建立健全农产品质量安全标准体系。农产品质量安全标准是强制性的技术规范。

农产品质量安全标准的制定和发布，依照有关法律、行政法规的规定执行。

第十二条 制定农产品质量安全标准应当充分考虑农产品质量安全风险评估结果，并听取农产品生产者、销售者和消费者的意见，保障消费安全。

第十三条 农产品质量安全标准应当根据科学技术发展水平以及农产品质量安全的需要，及时修订。

第十四条 农产品质量安全标准由农业行政主管部门商有关部门组织实施。

第三章　农产品产地

第十五条　县级以上地方人民政府农业行政主管部门按照保障农产品质量安全的要求，根据农产品品种特性和生产区域大气、土壤、水体中有毒有害物质状况等因素，认为不适宜特定农产品生产的，提出禁止生产的区域，报本级人民政府批准后公布。具体办法由国务院农业行政主管部门商国务院环境保护行政主管部门制定。

农产品禁止生产区域的调整，依照前款规定的程序办理。

第十六条　县级以上人民政府应当采取措施，加强农产品基地建设，改善农产品的生产条件。

县级以上人民政府农业行政主管部门应当采取措施，推进保障农产品质量安全的标准化生产综合示范区、示范农场、养殖小区和无规定动植物疫病区的建设。

第十七条　禁止在有毒有害物质超过规定标准的区域生产、捕捞、采集食用农产品和建立农产品生产基地。

第十八条　禁止违反法律、法规的规定向农产品产地排放或者倾倒废水、废气、固体废物或者其他有毒有害物质。

农业生产用水和用作肥料的固体废物，应当符合国家规定的标准。

第十九条　农产品生产者应当合理使用化肥、农药、兽药、农用薄膜等化工产品，防止对农产品产地造成污染。

第四章　农产品生产

第二十条　国务院农业行政主管部门和省、自治区、直辖市人民政府农业行政主管部门应当制定保障农产品质量安全的生产技术要求和操作规程。县级以上人民政府农业行政主管部门应当加强对农产品生产的指导。

第二十一条 对可能影响农产品质量安全的农药、兽药、饲料和饲料添加剂、肥料、兽医器械，依照有关法律、行政法规的规定实行许可制度。

国务院农业行政主管部门和省、自治区、直辖市人民政府农业行政主管部门应当定期对可能危及农产品质量安全的农药、兽药、饲料和饲料添加剂、肥料等农业投入品进行监督抽查，并公布抽查结果。

第二十二条 县级以上人民政府农业行政主管部门应当加强对农业投入品使用的管理和指导，建立健全农业投入品的安全使用制度。

第二十三条 农业科研教育机构和农业技术推广机构应当加强对农产品生产者质量安全知识和技能的培训。

第二十四条 农产品生产企业和农民专业合作经济组织应当建立农产品生产记录，如实记载下列事项：

（一）使用农业投入品的名称、来源、用法、用量和使用、停用的日期；

（二）动物疫病、植物病虫草害的发生和防治情况；

（三）收获、屠宰或者捕捞的日期。

农产品生产记录应当保存二年。禁止伪造农产品生产记录。

国家鼓励其他农产品生产者建立农产品生产记录。

第二十五条 农产品生产者应当按照法律、行政法规和国务院农业行政主管部门的规定，合理使用农业投入品，严格执行农业投入品使用安全间隔期或者休药期的规定，防止危及农产品质量安全。

禁止在农产品生产过程中使用国家明令禁止使用的农业投入品。

第二十六条 农产品生产企业和农民专业合作经济组织，应当自行或者委托检测机构对农产品质量安全状况进行检测；经检测不符合农产品质量安全标准的农产品，不得销售。

第二十七条 农民专业合作经济组织和农产品行业协会对其成员应当及时提供生产技术服务，建立农产品质量安全管理制度，健全农产品质量安全控制体系，加强自律管理。

第五章 农产品包装和标识

第二十八条 农产品生产企业、农民专业合作经济组织以及从事农产品收购的单位或者个人销售的农产品，按照规定应当包装或者附加标识的，须经包装或者附加标识后方可销售。包装物或者标识上应当按照规定标明产品的品名、产地、生产者、生产日期、保质期、产品质量等级等内容；使用添加剂的，还应当按照规定标明添加剂的名称。具体办法由国务院农业行政主管部门制定。

第二十九条 农产品在包装、保鲜、贮存、运输中所使用的保鲜剂、防腐剂、添加剂等材料，应当符合国家有关强制性的技术规范。

第三十条 属于农业转基因生物的农产品，应当按照农业转基因生物安全管理的有关规定进行标识。

第三十一条 依法需要实施检疫的动植物及其产品，应当附具检疫合格标志、检疫合格证明。

第三十二条 销售的农产品必须符合农产品质量安全标准，生产者可以申请使用无公害农产品标志。农产品质量符合国家规定的有关优质农产品标准的，生产者可以申请使用相应的农产品质量标志。

禁止冒用前款规定的农产品质量标志。

第六章 监督检查

第三十三条 有下列情形之一的农产品，不得销售：

（一）含有国家禁止使用的农药、兽药或者其他化学物质的；

（二）农药、兽药等化学物质残留或者含有的重金属等有毒有害物质不符合农产品质量安全标准的；

（三）含有的致病性寄生虫、微生物或者生物毒素不符合农产品质量安全标准的；

（四）使用的保鲜剂、防腐剂、添加剂等材料不符合国家有关强制性的技术规范的；

（五）其他不符合农产品质量安全标准的。

第三十四条 国家建立农产品质量安全监测制度。县级以上人民政府农业行政主管部门应当按照保障农产品质量安全的要求，制定并组织实施农产品质量安全监测计划，对生产中或者市场上销售的农产品进行监督抽查。监督抽查结果由国务院农业行政主管部门或者省、自治区、直辖市人民政府农业行政主管部门按照权限予以公布。

监督抽查检测应当委托符合本法第三十五条规定条件的农产品质量安全检测机构进行，不得向被抽查人收取费用，抽取的样品不得超过国务院农业行政主管部门规定的数量。上级农业行政主管部门监督抽查的农产品，下级农业行政主管部门不得另行重复抽查。

第三十五条 农产品质量安全检测应当充分利用现有的符合条件的检测机构。

从事农产品质量安全检测的机构，必须具备相应的检测条件和能力，由省级以上人民政府农业行政主管部门或者其授权的部门考核合格。具体办法由国务院农业行政主管部门制定。

农产品质量安全检测机构应当依法经计量认证合格。

第三十六条 农产品生产者、销售者对监督抽查检测结果有异议的，可以自收到检测结果之日起五日内，向组织实施农产品质量安全监督抽查的农业行政主管部门或者其上级农业行政主管部门申请复检。

采用国务院农业行政主管部门会同有关部门认定的快速检测方法进行农产品质量安全监督抽查检测，被抽查人对检测结果有异议的，可以自收到检测结果时起四小时内申请复检。复检不得采用快速检测方法。

因检测结果错误给当事人造成损害的，依法承担赔偿责任。

第三十七条 农产品批发市场应当设立或者委托农产品质量安全检测机构，对进场销售的农产品质量安全状况进行抽查检测；发现不符合农产品质量安全标准的，应当要求销售者立即停止销售，并向农业行政主管部门报告。

农产品销售企业对其销售的农产品，应当建立健全进货检查验收制度；经查验不符合农产品质量安全标准的，不得销售。

第三十八条 国家鼓励单位和个人对农产品质量安全进行社会

监督。任何单位和个人都有权对违反本法的行为进行检举、揭发和控告。有关部门收到相关的检举、揭发和控告后，应当及时处理。

第三十九条 县级以上人民政府农业行政主管部门在农产品质量安全监督检查中，可以对生产、销售的农产品进行现场检查，调查了解农产品质量安全的有关情况，查阅、复制与农产品质量安全有关的记录和其他资料；对经检测不符合农产品质量安全标准的农产品，有权查封、扣押。

第四十条 发生农产品质量安全事故时，有关单位和个人应当采取控制措施，及时向所在地乡级人民政府和县级人民政府农业行政主管部门报告；收到报告的机关应当及时处理并报上一级人民政府和有关部门。发生重大农产品质量安全事故时，农业行政主管部门应当及时通报同级食品药品监督管理部门。

第四十一条 县级以上人民政府农业行政主管部门在农产品质量安全监督管理中，发现有本法第三十三条所列情形之一的农产品，应当按照农产品质量安全责任追究制度的要求，查明责任人，依法予以处理或者提出处理建议。

第四十二条 进口的农产品必须按照国家规定的农产品质量安全标准进行检验；尚未制定有关农产品质量安全标准的，应当依法及时制定，未制定之前，可以参照国家有关部门指定的国外有关标准进行检验。

第七章 法律责任

第四十三条 农产品质量安全监督管理人员不依法履行监督职责，或者滥用职权的，依法给予行政处分。

第四十四条 农产品质量安全检测机构伪造检测结果的，责令改正，没收违法所得，并处五万元以上十万元以下罚款，对直接负责的主管人员和其他直接责任人员处一万元以上五万元以下罚款；情节严重的，撤销其检测资格；造成损害的，依法承担赔偿责任。

农产品质量安全检测机构出具检测结果不实，造成损害的，依法承担赔偿责任；造成重大损害的，并撤销其检测资格。

第四十五条 违反法律、法规规定，向农产品产地排放或者倾倒废水、废气、固体废物或者其他有毒有害物质的，依照有关环境保护法律、法规的规定处罚；造成损害的，依法承担赔偿责任。

第四十六条 使用农业投入品违反法律、行政法规和国务院农业行政主管部门的规定的，依照有关法律、行政法规的规定处罚。

第四十七条 农产品生产企业、农民专业合作经济组织未建立或者未按照规定保存农产品生产记录的，或者伪造农产品生产记录的，责令限期改正；逾期不改正的，可以处二千元以下罚款。

第四十八条 违反本法第二十八条规定，销售的农产品未按照规定进行包装、标识的，责令限期改正；逾期不改正的，可以处二千元以下罚款。

第四十九条 有本法第三十三条第四项规定情形，使用的保鲜剂、防腐剂、添加剂等材料不符合国家有关强制性的技术规范的，责令停止销售，对被污染的农产品进行无害化处理，对不能进行无害化处理的予以监督销毁；没收违法所得，并处二千元以上二万元以下罚款。

第五十条 农产品生产企业、农民专业合作经济组织销售的农产品有本法第三十三条第一项至第三项或者第五项所列情形之一的，责令停止销售，追回已经销售的农产品，对违法销售的农产品进行无害化处理或者予以监督销毁；没收违法所得，并处二千元以上二万元以下罚款。

农产品销售企业销售的农产品有前款所列情形的，依照前款规定处理、处罚。

农产品批发市场中销售的农产品有第一款所列情形的，对违法销售的农产品依照第一款规定处理，对农产品销售者依照第一款规定处罚。

农产品批发市场违反本法第三十七条第一款规定的，责令改正，处二千元以上二万元以下罚款。

第五十一条　违反本法第三十二条规定，冒用农产品质量标志的，责令改正，没收违法所得，并处二千元以上二万元以下罚款。

第五十二条　本法第四十四条、第四十七条至第四十九条、第五十条第一款、第四款和第五十一条规定的处理、处罚，由县级以上人民政府农业行政主管部门决定；第五十条第二款、第三款规定的处理、处罚，由工商行政管理部门决定。

法律对行政处罚及处罚机关有其他规定的，从其规定。但是，对同一违法行为不得重复处罚。

第五十三条　违反本法规定，构成犯罪的，依法追究刑事责任。

第五十四条　生产、销售本法第三十三条所列农产品，给消费者造成损害的，依法承担赔偿责任。

农产品批发市场中销售的农产品有前款规定情形的，消费者可以向农产品批发市场要求赔偿；属于生产者、销售者责任的，农产品批发市场有权追偿。消费者也可以直接向农产品生产者、销售者要求赔偿。

第八章　附则

第五十五条　生猪屠宰的管理按照国家有关规定执行。

第五十六条　本法自 2006 年 11 月 1 日起施行。

农药管理条例

（国务院 1997 年 5 月 8 日发布，2001 年 11 月 29 日修订）

第一章　总则

第一条　为了加强对农药生产、经营和使用的监督管理，保证农药质量，保护农业、林业生产和生态环境，维护人畜安全，制定本条例。

第二条　本条例所称农药，是指用于预防、消灭或者控制危害农业、林业的病、虫、草和其他有害生物以及有目的地调节植物、昆虫生长的化学合成或者来源于生物、其他天然物质的一种物质或者几种物质的混合物及其制剂。

前款农药包括用于不同目的、场所的下列各类：

（一）预防、消灭或者控制危害农业、林业的病、虫（包括昆虫、蜱、螨）、草和鼠、软体动物等有害生物的；

（二）预防、消灭或者控制仓储病、虫、鼠和其他有害生物的；

（三）调节植物、昆虫生长的；

（四）用于农业、林业产品防腐或者保鲜的；

（五）预防、消灭或者控制蚊、蝇、蜚蠊、鼠和其他有害生物的；

（六）预防、消灭或者控制危害河流堤坝、铁路、机场、建筑物和其他场所的有害生物的。

第三条 在中华人民共和国境内生产、经营和使用农药的，应当遵守本条例。

第四条 国家鼓励和支持研制、生产和使用安全、高效、经济的农药。

第五条 国务院农业行政主管部门负责全国的农药登记和农药监督管理工作。省、自治区、直辖市人民政府农业行政主管部门协助国务院农业行政主管部门做好本行政区域内的农药登记，并负责本行政区域内的农药监督管理工作。县级人民政府和设区的市、自治州人民政府的农业行政主管部门负责本行政区域内的农药监督管理工作。

县级以上各级人民政府其他有关部门在各自的职责范围内负责有关的农药监督管理工作。

第二章　农药登记

第六条 国家实行农药登记制度。

生产（包括原药生产、制剂加工和分装，下同）农药和进口农药，必须进行登记。

第七条 国内首次生产的农药和首次进口的农药的登记，按照下列三个阶段进行：

（一）田间试验阶段：申请登记的农药，由其研制者提出田间试验申请，经批准，方可进行田间试验；田间试验阶段的农药不得销售。

（二）临时登记阶段：田间试验后，需要进行田间试验示范、试销的农药以及在特殊情况下需要使用的农药，由其生产者申请临时登记，经国务院农业行政主管部门发给农药临时登记证后，方可在规定的范围内进行田间试验示范、试销。

（三）正式登记阶段：经田间试验示范、试销可以作为正式商品流通的农药，由其生产者申请正式登记，经国务院农业行政主管部门发给农药登记证后，方可生产、销售。

农药登记证和农药临时登记证应当规定登记有效期限；登记有效期限届满，需要继续生产或者继续向中国出售农药产品的，应当在登记有效期限届满前申请续展登记。

经正式登记和临时登记的农药，在登记有效期限内改变剂型、含量或者使用范围、使用方法的，应当申请变更登记。

第八条 依照本条例第七条的规定申请农药登记时，其研制者、生产者或者向中国出售农药的外国企业应当向国务院农业行政主管部门或者经由省、自治区、直辖市人民政府农业行政主管部门向国务院农业行政主管部门提供农药样品，并按照国务院农业行政主管部门规定的农药登记要求，提供农药的产品化学、毒理学、药效、残留、环境影响、标签等方面的资料。

国务院农业行政主管部门所属的农药检定机构负责全国的农药具体登记工作。省、自治区、直辖市人民政府农业行政主管部门所属的农药检定机构协助做好本行政区域内的农药具体登记工作。

第九条 国务院农业、林业、工业产品许可管理、卫生、环境保护、粮食部门和全国供销合作总社等部门推荐的农药管理专家和农药技术专家，组成农药登记评审委员会。

农药正式登记的申请资料分别经国务院农业、工业产品许可管理、卫生、环境保护部门和全国供销合作总社审查并签署意见后，由农药登记评审委员会对农药的产品化学、毒理学、药效、残留、环境影响等作出评价。根据农药登记评审委员会的评价，符合条件的，由国务院农业行政主管部门发给农药登记证。

第十条 国家对获得首次登记的、含有新化合物的农药的申请人提交的其自己所取得且未披露的试验数据和其他数据实施保护。

自登记之日起6年内，对其他申请人未经已获得登记的申请人同意，使用前款数据申请农药登记的，登记机关不予登记；但是，其他申请人提交其自己所取得的数据的除外。

除下列情况外，登记机关不得披露第一款规定的数据：

（一）公共利益需要；

（二）已采取措施确保该类信息不会被不正当地进行商业使用。

第十一条 生产其他厂家已经登记的相同农药产品的，其生产者应当申请办理农药登记，提供农药样品和本条例第八条规定的资料，由国务院农业行政主管部门发给农药登记证。

第三章 农药生产

第十二条 农药生产应当符合国家农药工业的产业政策。

第十三条 开办农药生产企业（包括联营、设立分厂和非农药生产企业设立农药生产车间），应当具备下列条件，并经企业所在地的省、自治区、直辖市工业产品许可管理部门审核同意后，报国务院工业产品许可管理部门批准；但是，法律、行政法规对企业设立的条件和审核或者批准机关另有规定的，从其规定：

（一）有与其生产的农药相适应的技术人员和技术工人；

（二）有与其生产的农药相适应的厂房、生产设施和卫生环境；

（三）有符合国家劳动安全、卫生标准的设施和相应的劳动安全、卫生管理制度；

（四）有产品质量标准和产品质量保证体系；

（五）所生产的农药是依法取得农药登记的农药；

（六）有符合国家环境保护要求的污染防治设施和措施，并且污染物排放不超过国家和地方规定的排放标准。

农药生产企业经批准后，方可依法向工商行政管理机关申请领取营业执照。

第十四条　国家实行农药生产许可制度。

生产有国家标准或者行业标准的农药的，应当向国务院工业产品许可管理部门申请农药生产许可证。

生产尚未制定国家标准、行业标准但已有企业标准的农药的，应当经省、自治区、直辖市工业产品许可管理部门审核同意后，报国务院工业产品许可管理部门批准，发给农药生产批准文件。

第十五条　农药生产企业应当按照农药产品质量标准、技术规程进行生产，生产记录必须完整、准确。

第十六条　农药产品包装必须贴有标签或者附具说明书。标签应当紧贴或者印制在农药包装物上。标签或者说明书上应当注明农药名称、企业名称、产品批号和农药登记证号或者农药临时登记证号、农药生产许可证号或者农药生产批准文件号以及农药的有效成分、含量、重量、产品性能、毒性、用途、使用技术、使用方法、生产日期、有效期和注意事项等；农药分装的，还应当注明分装单位。

第十七条 农药产品出厂前，应当经过质量检验并附具产品质量检验合格证；不符合产品质量标准的，不得出厂。

第四章 农药经营

第十八条 下列单位可以经营农药：

（一）供销合作社的农业生产资料经营单位；

（二）植物保护站；

（三）土壤肥料站；

（四）农业、林业技术推广机构；

（五）森林病虫害防治机构；

（六）农药生产企业；

（七）国务院规定的其他经营单位。

经营的农药属于化学危险物品的，应当按照国家有关规定办理经营许可证。

第十九条 农药经营单位应当具备下列条件和有关法律、行政法规规定的条件，并依法向工商行政管理机关申请领取营业执照后，方可经营农药：

（一）有与其经营的农药相适应的技术人员；

（二）有与其经营的农药相适应的营业场所、设备、仓储设施、安全防护措施和环境污染防治设施、措施；

（三）有与其经营的农药相适应的规章制度；

（四）有与其经营的农药相适应的质量管理制度和管理手段。

第二十条 农药经营单位购进农药，应当将农药产品与产品标签或者说明书、产品质量合格证核对无误，并进行质量检验。

禁止收购、销售无农药登记证或者农药临时登记证、无农药生产许可证或者农药生产批准文件、无产品质量标准和产品质量合格证和检验不合格的农药。

第二十一条 农药经营单位应当按照国家有关规定做好农药储备工作。

贮存农药应当建立和执行仓储保管制度，确保农药产品的质量和安全。

第二十二条 农药经营单位销售农药，必须保证质量，农药产品与产品标签或者说明书、产品质量合格证应当核对无误。

农药经营单位应当向使用农药的单位和个人正确说明农药的用途、使用方法、用量、中毒急救措施和注意事项。

第二十三条 超过产品质量保证期限的农药产品，经省级以上人民政府农业行政主管部门所属的农药检定机构检验，符合标准的，可以在规定期限内销售；但是，必须注明“过期农药”字样，并附具使用方法和用量。

第五章 农药使用

第二十四条 县级以上各级人民政府农业行政主管部门应当根据“预防为主，综合防治”的植保方针，组织推广安全、高效农药，开展培训活动，提高农民施药技术水平，并做好病虫害预测预报工作。

第二十五条 县级以上地方各级人民政府农业行政主管部门应当加强对安全、合理使用农药的指导，根据本地区农业病、虫、草、鼠害发生情况，制定农药轮换使用规划，有计划地轮换使用农药，减缓病、虫、草、鼠的抗药性，提高防治效果。

第二十六条 使用农药应当遵守农药防毒规程，正确配药、施药，做好废弃物处理和安全防护工作，防止农药污染环境和农药中毒事故。

第二十七条 使用农药应当遵守国家有关农药安全、合理使用的规定，按照规定的用药量、用药次数、用药方法和安全间隔期施药，防止污染农副产品。

剧毒、高毒农药不得用于防治卫生害虫，不得用于蔬菜、瓜果、茶叶和中草药材。

第二十八条 使用农药应当注意保护环境、有益生物和珍稀物种。

严禁用农药毒鱼、虾、鸟、兽等。

第二十九条 林业、粮食、卫生行政部门应当加强对林业、储粮、卫生用农药的安全、合理使用的指导。

第六章 其他规定

第三十条 任何单位和个人不得生产未取得农药生产许可证或者农药生产批准文件的农药。

任何单位和个人不得生产、经营、进口或者使用未取得农药登记证或者农药临时登记证的农药。

进口农药应当遵守国家有关规定，货主或者其代理人应当向海关出示其取得的中国农药登记证或者农药临时登记证。

第三十一条 禁止生产、经营和使用假农药。

下列农药为假农药：

（一）以非农药冒充农药或者以此种农药冒充他种农药的；

（二）所含有效成分的种类、名称与产品标签或者说明书上注明的农药有效成分的种类、名称不符的。

第三十二条 禁止生产、经营和使用劣质农药。

下列农药为劣质农药：

（一）不符合农药产品质量标准的；

（二）失去使用效能的；

（三）混有导致药害等有害成分的。

第三十三条 禁止经营产品包装上未附标签或者标签残缺不清的农药。

第三十四条 未经登记的农药，禁止刊登、播放、设置、张贴广告。

农药广告内容必须与农药登记的内容一致，并依照广告法和国家有关农药广告管理的规定接受审查。

第三十五条 经登记的农药，在登记有效期内发现对农业、林业、人畜安全、生态环境有严重危害的，经农药登记评审委员会审议，由国务院农业行政主管部门宣布限制使用或者撤销登记。

第三十六条 任何单位和个人不得生产、经营和使用国家明令禁止生产或者撤销登记的农药。

第三十七条 县级以上各级人民政府有关部门应当做好农副产品中农药残留量的检测工作，并公布检测结果。

第三十八条 禁止销售农药残留量超过标准的农副产品。

第三十九条 处理假农药、劣质农药、过期报废农药、禁用农药、废弃农药包装和其他含农药的废弃物，必须严格遵守环境保护法律、法规的有关规定，防止污染环境。

第七章　罚则

第四十条　有下列行为之一的，依照刑法关于非法经营罪或者危险物品肇事罪的规定，依法追究刑事责任；尚不够刑事处罚的，由农业行政主管部门按照以下规定给予处罚：

（一）未取得农药登记证或者农药临时登记证，擅自生产、经营农药的，或者生产、经营已撤销登记的农药的，责令停止生产、经营，没收违法所得，并处违法所得 1 倍以上 10 倍以下的罚款；没有违法所得的，并处 10 万元以下的罚款；

（二）农药登记证或者农药临时登记证有效期限届满未办理续展登记，擅自继续生产该农药的，责令限期补办续展手续，没收违法所得，可以并处违法所得 5 倍以下的罚款；没有违法所得的，可以并处 5 万元以下的罚款；逾期不补办的，由原发证机关责令停止生产、经营，吊销农药登记证或者农药临时登记证；

（三）生产、经营产品包装上未附标签、标签残缺不清或者擅自修改标签内容的农药产品的，给予警告，没收违法所得，可以并处违法所得 3 倍以下的罚款；没有违法所得的，可以并处 3 万元以下的罚款；

（四）不按照国家有关农药安全使用的规定使用农药的，根据所造成的危害后果，给予警告，可以并处 3 万元以下的罚款。

第四十一条　有下列行为之一的，由省级以上人民政府工业产品许可管理部门按照以下规定给予处罚：

（一）未经批准，擅自开办农药生产企业的，或者未取得农药生产许可证或者农药生产批准文件，擅自生产农药的，责令停止生产，没收违法所得，并处违法所得1倍以上10倍以下的罚款；没有违法所得的，并处10万元以下的罚款；

（二）未按照农药生产许可证或者农药生产批准文件的规定，擅自生产农药的，责令停止生产，没收违法所得，并处违法所得1倍以上5倍以下的罚款；没有违法所得的，并处5万元以下的罚款；情节严重的，由原发证机关吊销农药生产许可证或者农药生产批准文件。

第四十二条 假冒、伪造或者转让农药登记证或者农药临时登记证、农药登记证号或者农药临时登记证号、农药生产许可证或者农药生产批准文件、农药生产许可证号或者农药生产批准文件号的，依照刑法关于非法经营罪或者伪造、变造、买卖国家机关公文、证件、印章罪的规定，依法追究刑事责任；尚不够刑事处罚的，由农业行政主管部门收缴或者吊销农药登记证或者农药临时登记证，由工业产品许可管理部门收缴或者吊销农药生产许可证或者农药生产批准文件，由农业行政主管部门或者工业产品许可管理部门没收违法所得，可以并处违法所得10倍以下的罚款；没有违法所得的，可以并处10万元以下的罚款。

第四十三条 生产、经营假农药、劣质农药的，依照刑法关于生产、销售伪劣产品罪或者生产、销售伪劣农药罪的规定，依法追究刑事责任；尚不够刑事处罚的，由农业行政主管部门或者法律、行政法规规定的其他有关部门没收假农药、劣质农药和违法所得，并处违法所得1倍以上10倍以下的罚款；没有违法所得的，并处10万元以下的罚款；情节严重的，由农业行政主管部门吊销农药登记证或者农药临时登记证，由工业产品许可管理部门吊销农药生产许可证或者农药生产批准文件。

第四十四条 违反工商行政管理法律、法规，生产、经营农药的，或者违反农药广告管理规定的，依照刑法关于非法经营罪或者虚假广告罪的规定，依法追究刑事责任；尚不够刑事处罚的，由工商行政管理机关依照有关法律、法规的规定给予处罚。

第四十五条 违反本条例规定，造成农药中毒、环境污染、药害等事故或者其他经济损失的，应当依法赔偿。

第四十六条 违反本条例规定，在生产、储存、运输、使用农药过程中发生重大事故的，对直接负责的主管人员和其他直接责任人员，依照刑法关于危险物品肇事罪的规定，依法追究刑事责任；尚不够刑事处罚的，依法给予行政处分。

第四十七条 农药管理工作人员滥用职权、玩忽职守、徇私舞弊、索贿受贿的，依照刑法关于滥用职权罪、玩忽职守罪或者受贿罪的规定，依法追究刑事责任；尚不够刑事处罚的，依法给予行政处分。

第八章 附则

第四十八条 中华人民共和国缔结或者参加的与农药有关的国际条约与本条例有不同规定的，适用国际条约的规定；但是，中华人民共和国声明保留的条款除外。

第四十九条 本条例自 1997 年 5 月 8 日起施行。

兽药管理条例

（国务院2004年3月24日通过，

自2004年11月1日起施行）

第一章　总则

第一条　为了加强兽药管理，保证兽药质量，防治动物疾病，促进养殖业的发展，维护人体健康，制定本条例。

第二条　在中华人民共和国境内从事兽药的研制、生产、经营、进出口、使用和监督管理，应当遵守本条例。

第三条　国务院兽医行政管理部门负责全国的兽药监督管理工作。

县级以上地方人民政府兽医行政管理部门负责本行政区域内的兽药监督管理工作。

第四条　国家实行兽用处方药和非处方药分类管理制度。兽用处方药和非处方药分类管理的办法和具体实施步骤，由国务院兽医行政管理部门规定。

第五条　国家实行兽药储备制度。

发生重大动物疫情、灾情或者其他突发事件时，国务院兽医行政管理部门可以紧急调用国家储备的兽药；必要时，也可以调用国家储备以外的兽药。

第二章　新兽药研制

第六条　国家鼓励研制新兽药，依法保护研制者的合法权益。

第七条　研制新兽药，应当具有与研制相适应的场所、仪器设备、专业技术人员、安全管理规范和措施。

研制新兽药，应当进行安全性评价。从事兽药安全性评价的单位，应当经国务院兽医行政管理部门认定，并遵守兽药非临床研究质量管理规范和兽药临床试验质量管理规范。

第八条　研制新兽药，应当在临床试验前向省、自治区、直辖市人民政府兽医行政管理部门提出申请，并附具该新兽药实验室阶段安全性评价报告及其他临床前研究资料；省、自治区、直辖市人民政府兽医行政管理部门应当自收到申请之日起60个工作日内将审查结果书面通知申请人。

研制的新兽药属于生物制品的，应当在临床试验前向国务院兽医行政管理部门提出申请，国务院兽医行政管理部门应当自收到申请之日起60个工作日内将审查结果书面通知申请人。

研制新兽药需要使用一类病原微生物的，还应当具备国务院兽医行政管理部门规定的条件，并在实验室阶段前报国务院兽医行政管理部门批准。

第九条　临床试验完成后，新兽药研制者向国务院兽医行政管理部门提出新兽药注册申请时，应当提交该新兽药的样品和下列资料：

（一）名称、主要成分、理化性质；

（二）研制方法、生产工艺、质量标准和检测方法；

（三）药理和毒理试验结果、临床试验报告和稳定性试验报告；

（四）环境影响报告和污染防治措施。

研制的新兽药属于生物制品的，还应当提供菌（毒、虫）种、细胞等有关材料和资料。菌（毒、虫）种、细胞由国务院兽医行政管理部门指定的机构保藏。

研制用于食用动物的新兽药，还应当按照国务院兽医行政管理部门的规定进行兽药残留试验并提供休药期、最高残留限量标准、残留检测方法及其制定依据等资料。

国务院兽医行政管理部门应当自收到申请之日起 10 个工作日内，将决定受理的新兽药资料送其设立的兽药评审机构进行评审，将新兽药样品送其指定的检验机构复核检验，并自收到评审和复核检验结论之日起 60 个工作日内完成审查。审查合格的，发给新兽药注册证书，并发布该兽药的质量标准；不合格的，应当书面通知申请人。

第十条 国家对依法获得注册的、含有新化合物的兽药的申请人提交的其自己所取得且未披露的试验数据和其他数据实施保护。

自注册之日起 6 年内，对其他申请人未经已获得注册兽药的申请人同意，使用前款规定的数据申请兽药注册的，兽药注册机关不予注册；但是，其他申请人提交其自己所取得的数据的除外。

除下列情况外，兽药注册机关不得披露本条第一款规定的数据：

（一）公共利益需要；

（二）已采取措施确保该类信息不会被不正当地进行商业使用。

第三章 兽药生产

第十一条 设立兽药生产企业，应当符合国家兽药行业发展规划和产业政策，并具备下列条件：

（一）与所生产的兽药相适应的兽医学、药学或者相关专业的技术人员；

（二）与所生产的兽药相适应的厂房、设施；

（三）与所生产的兽药相适应的兽药质量管理和质量检验的机构、人员、仪器设备；

（四）符合安全、卫生要求的生产环境；

（五）兽药生产质量管理规范规定的其他生产条件。

符合前款规定条件的，申请人方可向省、自治区、直辖市人民政府兽医行政管理部门提出申请，并附具符合前款规定条件的证明材料；省、自治区、直辖市人民政府兽医行政管理部门应当自收到申请之日起20个工作日内，将审核意见和有关材料报送国务院兽医行政管理部门。

国务院兽医行政管理部门，应当自收到审核意见和有关材料之日起40个工作日内完成审查。经审查合格的，发给兽药生产许可证；不合格的，应当书面通知申请人。申请人凭兽药生产许可证办理工商登记手续。

第十二条 兽药生产许可证应当载明生产范围、生产地点、有效期和法定代表人姓名、住址等事项。

兽药生产许可证有效期为5年。有效期届满，需要继续生产兽药的，应当在许可证有效期届满前6个月到原发证机关申请换发兽药生产许可证。

第十三条 兽药生产企业变更生产范围、生产地点的，应当依照本条例第十一条的规定申请换发兽药生产许可证，申请人凭换发的兽药生产许可证办理工商变更登记手续；变更企业名称、法定代表人的，应当在办理工商变更登记手续后15个工作日内，到原发证机关申请换发兽药生产许可证。

第十四条 兽药生产企业应当按照国务院兽医行政管理部门制定的兽药生产质量管理规范组织生产。

国务院兽医行政管理部门，应当对兽药生产企业是否符合兽药生产质量管理规范的要求进行监督检查，并公布检查结果。

第十五条 兽药生产企业生产兽药，应当取得国务院兽医行政管理部门核发的产品批准文号，产品批准文号的有效期为5年。兽药产品批准文号的核发办法由国务院兽医行政管理部门制定。

第十六条 兽药生产企业应当按照兽药国家标准和国务院兽医行政管理部门批准的生产工艺进行生产。兽药生产企业改变影响兽药质量的生产工艺的，应当报原批准部门审核批准。

兽药生产企业应当建立生产记录，生产记录应当完整、准确。

第十七条 生产兽药所需的原料、辅料，应当符合国家标准或者所生产兽药的质量要求。

直接接触兽药的包装材料和容器应当符合药用要求。

第十八条 兽药出厂前应当经过质量检验，不符合质量标准的不得出厂。

兽药出厂应当附有产品质量合格证。

禁止生产假、劣兽药。

第十九条 兽药生产企业生产的每批兽用生物制品，在出厂前应当由国务院兽医行政管理部门指定的检验机构审查核对，并在必要时进行抽查检验；未经审查核对或者抽查检验不合格的，不得销售。

强制免疫所需兽用生物制品，由国务院兽医行政管理部门指定的企业生产。

第二十条 兽药包装应当按照规定印有或者贴有标签，附具说明书，并在显著位置注明“兽用”字样。

兽药的标签和说明书经国务院兽医行政管理部门批准并公布后，方可使用。

兽药的标签或者说明书，应当以中文注明兽药的通用名称、成分及其含量、规格、生产企业、产品批准文号（进口兽药注册证号）、产品批号、生产日期、有效期、适应症或者功能主治、用法、用量、休药期、禁忌、不良反应、注意事项、运输贮存保管条件及其他应当说明的内容。有商品名称的，还应当注明商品名称。

除前款规定的内容外，兽用处方药的标签或者说明书还应当印有国务院兽医行政管理部门规定的警示内容，其中兽用麻醉药品、精神药品、毒性药品和放射性药品还应当印有国务院兽医行政管理部门规定的特殊标志；兽用非处方药的标签或者说明书还应当印有国务院兽医行政管理部门规定的非处方药标志。

第二十一条 国务院兽医行政管理部门，根据保证动物产品质量安全和人体健康的需要，可以对新兽药设立不超过 5 年的监测期；在监测期内，不得批准其他企业生产或者进口该新兽药。生产企业应当在监测期内收集该新兽药的疗效、不良反应等资料，并及时报送国务院兽医行政管理部门。

第四章 兽药经营

第二十二条 经营兽药的企业，应当具备下列条件：

（一）与所经营的兽药相适应的兽药技术人员；

（二）与所经营的兽药相适应的营业场所、设备、仓库设施；

（三）与所经营的兽药相适应的质量管理机构或者人员；

（四）兽药经营质量管理规范规定的其他经营条件。

符合前款规定条件的，申请人方可向市、县人民政府兽医行政管理部门提出申请，并附具符合前款规定条件的证明材料；经营兽用生物制品的，应当向省、自治区、直辖市人民政府兽医行政管理部门提出申请，并附具符合前款规定条件的证明材料。

县级以上地方人民政府兽医行政管理部门，应当自收到申请之日起 30 个工作日内完成审查。审查合格的，发给兽药经营许可证；不合格的，应当书面通知申请人。申请人凭兽药经营许可证办理工商登记手续。

第二十三条 兽药经营许可证应当载明经营范围、经营地点、有效期和法定代表人姓名、住址等事项。

兽药经营许可证有效期为 5 年。有效期届满，需要继续经营兽药的，应当在许可证有效期届满前 6 个月到原发证机关申请换发兽药经营许可证。

第二十四条 兽药经营企业变更经营范围、经营地点的，应当依照本条例第二十二条的规定申请换发兽药经营许可证，申请人凭换发的兽药经营许可证办理工商变更登记手续；变更企业名称、法定代表人的，应当在办理工商变更登记手续后 15 个工作日内，到原发证机关申请换发兽药经营许可证。

第二十五条 兽药经营企业，应当遵守国务院兽医行政管理部门制定的兽药经营质量管理规范。

县级以上地方人民政府兽医行政管理部门，应当对兽药经营企业是否符合兽药经营质量管理规范的要求进行监督检查，并公布检查结果。

第二十六条 兽药经营企业购进兽药，应当将兽药产品与产品标签或者说明书、产品质量合格证核对无误。

第二十七条 兽药经营企业，应当向购买者说明兽药的功能主治、用法、用量和注意事项。销售兽用处方药的，应当遵守兽用处方药管理办法。

兽药经营企业销售兽用中药材的，应当注明产地。

禁止兽药经营企业经营人用药品和假、劣兽药。

第二十八条 兽药经营企业购销兽药，应当建立购销记录。购销记录应当载明兽药的商品名称、通用名称、剂型、规格、批号、有效期、生产厂商、购销单位、购销数量、购销日期和国务院兽医行政管理部门规定的其他事项。

第二十九条 兽药经营企业，应当建立兽药保管制度，采取必要的冷藏、防冻、防潮、防虫、防鼠等措施，保持所经营兽药的质量。

兽药入库、出库，应当执行检查验收制度，并有准确记录。

第三十条 强制免疫所需兽用生物制品的经营，应当符合国务院兽医行政管理部门的规定。

第三十一条 兽药广告的内容应当与兽药说明书内容相一致，在全国重点媒体发布兽药广告的，应当经国务院兽医行政管理部门审查批准，取得兽药广告审查批准文号。在地方媒体发布兽药广告的，应当经省、自治区、直辖市人民政府兽医行政管理部门审查批准，取得兽药广告审查批准文号。未经批准的，不得发布。

第五章　兽药进出口

第三十二条　首次向中国出口的兽药，由出口方驻中国境内的办事机构或者其委托的中国境内代理机构向国务院兽医行政管理部门申请注册，并提交下列资料和物品：

（一）生产企业所在国家（地区）兽药管理部门批准生产、销售的证明文件；

（二）生产企业所在国家（地区）兽药管理部门颁发的符合兽药生产质量管理规范的证明文件；

（三）兽药的制造方法、生产工艺、质量标准、检测方法、药理和毒理试验结果、临床试验报告、稳定性试验报告及其他相关资料；用于食用动物的兽药的休药期、最高残留限量标准、残留检测方法及其制定依据等资料；

（四）兽药的标签和说明书样本；

（五）兽药的样品、对照品、标准品；

（六）环境影响报告和污染防治措施；

（七）涉及兽药安全性的其他资料。

申请向中国出口兽用生物制品的，还应当提供菌（毒、虫）种、细胞等有关材料和资料。

第三十三条　国务院兽医行政管理部门，应当自收到申请之日起 10 个工作日内组织初步审查。经初步审查合格的，应当将决定受理的兽药资料送其设立的兽药评审机构进行评审，将该兽药样品送其指定的检验机构复核检验，并自收到评审和复核检验结论之日起

60个工作日内完成审查。经审查合格的，发给进口兽药注册证书，并发布该兽药的质量标准；不合格的，应当书面通知申请人。

在审查过程中，国务院兽医行政管理部门可以对向中国出口兽药的企业是否符合兽药生产质量管理规范的要求进行考查，并有权要求该企业在国务院兽医行政管理部门指定的机构进行该兽药的安全性和有效性试验。

国内急需兽药、少量科研用兽药或者注册兽药的样品、对照品、标准品的进口，按照国务院兽医行政管理部门的规定办理。

第三十四条 进口兽药注册证书的有效期为5年。有效期届满，需要继续向中国出口兽药的，应当在有效期届满前6个月到原发证机关申请再注册。

第三十五条 境外企业不得在中国直接销售兽药。境外企业在中国销售兽药，应当依法在中国境内设立销售机构或者委托符合条件的中国境内代理机构。

进口在中国已取得进口兽药注册证书的兽用生物制品的，中国境内代理机构应当向国务院兽医行政管理部门申请允许进口兽用生物制品证明文件，凭允许进口兽用生物制品证明文件到口岸所在地人民政府兽医行政管理部门办理进口兽药通关单；进口在中国已取得进口兽药注册证书的其他兽药的，凭进口兽药注册证书到口岸所在地人民政府兽医行政管理部门办理进口兽药通关单。海关凭进口兽药通关单放行。兽药进口管理办法由国务院兽医行政管理部门会同海关总署制定。

兽用生物制品进口后，应当依照本条例第十九条的规定进行审查核对和抽查检验。其他兽药进口后，由当地兽医行政管理部门通知兽药检验机构进行抽查检验。

第三十六条 禁止进口下列兽药：

（一）药效不确定、不良反应大以及可能对养殖业、人体健康造成危害或者存在潜在风险的；

（二）来自疫区可能造成疫病在中国境内传播的兽用生物制品；

（三）经考查生产条件不符合规定的；

（四）国务院兽医行政管理部门禁止生产、经营和使用的。

第三十七条 向中国境外出口兽药，进口方要求提供兽药出口证明文件的，国务院兽医行政管理部门或者企业所在地的省、自治区、直辖市人民政府兽医行政管理部门可以出具出口兽药证明文件。

国内防疫急需的疫苗，国务院兽医行政管理部门可以限制或者禁止出口。

第六章 兽药使用

第三十八条 兽药使用单位，应当遵守国务院兽医行政管理部门制定的兽药安全使用规定，并建立用药记录。

第三十九条 禁止使用假、劣兽药以及国务院兽医行政管理部门规定禁止使用的药品和其他化合物。禁止使用的药品和其他化合物目录由国务院兽医行政管理部门制定公布。

第四十条 有休药期规定的兽药用于食用动物时，饲养者应当向购买者或者屠宰者提供准确、真实的用药记录；购买者或者屠宰者应当确保动物及其产品在用药期、休药期内不被用于食品消费。

第四十一条 国务院兽医行政管理部门，负责制定公布在饲料中允许添加的药物饲料添加剂品种目录。

禁止在饲料和动物饮用水中添加激素类药品和国务院兽医行政管理部门规定的其他禁用药品。

经批准可以在饲料中添加的兽药，应当由兽药生产企业制成药物饲料添加剂后方可添加。禁止将原料药直接添加到饲料及动物饮用水中或者直接饲喂动物。

禁止将人用药品用于动物。

第四十二条 国务院兽医行政管理部门，应当制定并组织实施国家动物及动物产品兽药残留监控计划。

县级以上人民政府兽医行政管理部门，负责组织对动物产品中兽药残留量的检测。兽药残留检测结果，由国务院兽医行政管理部门或者省、自治区、直辖市人民政府兽医行政管理部门按照权限予以公布。

动物产品的生产者、销售者对检测结果有异议的，可以自收到检测结果之日起7个工作日内向组织实施兽药残留检测的兽医行政管理部门或者其上级兽医行政管理部门提出申请，由受理申请的兽医行政管理部门指定检验机构进行复检。

兽药残留限量标准和残留检测方法，由国务院兽医行政管理部门制定发布。

第四十三条 禁止销售含有违禁药物或者兽药残留量超过标准的食用动物产品。

第七章 兽药监督管理

第四十四条 县级以上人民政府兽医行政管理部门行使兽药监督管理权。

兽药检验工作由国务院兽医行政管理部门和省、自治区、直辖市人民政府兽医行政管理部门设立的兽药检验机构承担。国务院兽医行政管理部门，可以根据需要认定其他检验机构承担兽药检验工作。

当事人对兽药检验结果有异议的，可以自收到检验结果之日起7个工作日内向实施检验的机构或者上级兽医行政管理部门设立的检验机构申请复检。

第四十五条 兽药应当符合兽药国家标准。

国家兽药典委员会拟定的、国务院兽医行政管理部门发布的《中华人民共和国兽药典》和国务院兽医行政管理部门发布的其他兽药质量标准为兽药国家标准。

兽药国家标准的标准品和对照品的标定工作由国务院兽医行政管理部门设立的兽药检验机构负责。

第四十六条 兽医行政管理部门依法进行监督检查时，对有证据证明可能是假、劣兽药的，应当采取查封、扣押的行政强制措施，并自采取行政强制措施之日起7个工作日内作出是否立案的决定；需要检验的，应当自检验报告书发出之日起15个工作日内作出是否立案的决定；不符合立案条件的，应当解除行政强制措施；需要暂停生产、经营和使用的，由国务院兽医行政管理部门或者省、自治区、直辖市人民政府兽医行政管理部门按照权限作出决定。

未经行政强制措施决定机关或者其上级机关批准，不得擅自转移、使用、销毁、销售被查封或者扣押的兽药及有关材料。

第四十七条 有下列情形之一的，为假兽药：

（一）以非兽药冒充兽药或者以他种兽药冒充此种兽药的；

（二）兽药所含成分的种类、名称与兽药国家标准不符合的。

有下列情形之一的，按照假兽药处理：

（一）国务院兽医行政管理部门规定禁止使用的；

（二）依照本条例规定应当经审查批准而未经审查批准即生产、进口的，或者依照本条例规定应当经抽查检验、审查核对而未经抽查检验、审查核对即销售、进口的；

（三）变质的；

（四）被污染的；

（五）所标明的适应症或者功能主治超出规定范围的。

第四十八条　有下列情形之一的，为劣兽药：

（一）成分含量不符合兽药国家标准或者不标明有效成分的；

（二）不标明或者更改有效期或者超过有效期的；

（三）不标明或者更改产品批号的；

（四）其他不符合兽药国家标准，但不属于假兽药的。

第四十九条　禁止将兽用原料药拆零销售或者销售给兽药生产企业以外的单位和个人。

禁止未经兽医开具处方销售、购买、使用国务院兽医行政管理部门规定实行处方药管理的兽药。

第五十条　国家实行兽药不良反应报告制度。

兽药生产企业、经营企业、兽药使用单位和开具处方的兽医人员发现可能与兽药使用有关的严重不良反应，应当立即向所在地人民政府兽医行政管理部门报告。

第五十一条　兽药生产企业、经营企业停止生产、经营超过6个月或者关闭的，由原发证机关责令其交回兽药生产许可证、兽药经营许可证，并由工商行政管理部门变更或者注销其工商登记。

第五十二条 禁止买卖、出租、出借兽药生产许可证、兽药经营许可证和兽药批准证明文件。

第五十三条 兽药评审检验的收费项目和标准，由国务院财政部门会同国务院价格主管部门制定，并予以公告。

第五十四条 各级兽医行政管理部门、兽药检验机构及其工作人员，不得参与兽药生产、经营活动，不得以其名义推荐或者监制、监销兽药。

第八章　法律责任

第五十五条 兽医行政管理部门及其工作人员利用职务上的便利收取他人财物或者谋取其他利益，对不符合法定条件的单位和个人核发许可证、签署审查同意意见，不履行监督职责，或者发现违法行为不予查处，造成严重后果，构成犯罪的，依法追究刑事责任；尚不构成犯罪的，依法给予行政处分。

第五十六条 违反本条例规定，无兽药生产许可证、兽药经营许可证生产、经营兽药的，或者虽有兽药生产许可证、兽药经营许可证，生产、经营假、劣兽药的，或者兽药经营企业经营人用药品的，责令其停止生产、经营，没收用于违法生产的原料、辅料、包装材料及生产、经营的兽药和违法所得，并处违法生产、经营的兽药（包括已出售的和未出售的兽药，下同）货值金额 2 倍以上 5 倍以下罚款，货值金额无法查证核实的，处 10 万元以上 20 万元以下罚款；无兽药生产许可证生产兽药，情节严重的，没收其生产设备；生产、经营假、劣兽药，情节严重的，吊销兽药生产许可证、兽药经营许可证；构成犯罪的，依法追究刑事责任；给他人造成损失的，依法承担赔偿责任。生产、经营企业的主要负责人和直接负责的主管人员终身不得从事兽药的生产、经营活动。

擅自生产强制免疫所需兽用生物制品的，按照无兽药生产许可证生产兽药处罚。

第五十七条 违反本条例规定，提供虚假的资料、样品或者采取其他欺骗手段取得兽药生产许可证、兽药经营许可证或者兽药批准证明文件的，吊销兽药生产许可证、兽药经营许可证或者撤销兽药批准证明文件，并处5万元以上10万元以下罚款；给他人造成损失的，依法承担赔偿责任。其主要负责人和直接负责的主管人员终身不得从事兽药的生产、经营和进出口活动。

第五十八条 买卖、出租、出借兽药生产许可证、兽药经营许可证和兽药批准证明文件的，没收违法所得，并处1万元以上10万元以下罚款；情节严重的，吊销兽药生产许可证、兽药经营许可证或者撤销兽药批准证明文件；构成犯罪的，依法追究刑事责任；给他人造成损失的，依法承担赔偿责任。

第五十九条 违反本条例规定，兽药安全性评价单位、临床试验单位、生产和经营企业未按照规定实施兽药研究试验、生产、经营质量管理规范的，给予警告，责令其限期改正；逾期不改正的，责令停止兽药研究试验、生产、经营活动，并处5万元以下罚款；情节严重的，吊销兽药生产许可证、兽药经营许可证；给他人造成损失的，依法承担赔偿责任。

违反本条例规定，研制新兽药不具备规定的条件擅自使用一类病原微生物或者在实验室阶段前未经批准的，责令其停止实验，并处5万元以上10万元以下罚款；构成犯罪的，依法追究刑事责任；给他人造成损失的，依法承担赔偿责任。

第六十条 违反本条例规定，兽药的标签和说明书未经批准的，责令其限期改正；逾期不改正的，按照生产、经营假兽药处罚；有兽药产品批准文号的，撤销兽药产品批准文号；给他人造成损失的，依法承担赔偿责任。

兽药包装上未附有标签和说明书，或者标签和说明书与批准的内容不一致的，责令其限期改正；情节严重的，依照前款规定处罚。

第六十一条 违反本条例规定，境外企业在中国直接销售兽药的，责令其限期改正，没收直接销售的兽药和违法所得，并处5万元以上10万元以下罚款；情节严重的，吊销进口兽药注册证书；给他人造成损失的，依法承担赔偿责任。

第六十二条 违反本条例规定，未按照国家有关兽药安全使用规定使用兽药的、未建立用药记录或者记录不完整真实的，或者使用禁止使用的药品和其他化合物的，或者将人用药品用于动物的，责令其立即改正，并对饲喂了违禁药物及其他化合物的动物及其产品进行无害化处理；对违法单位处1万元以上5万元以下罚款；给他人造成损失的，依法承担赔偿责任。

第六十三条 违反本条例规定，销售尚在用药期、休药期内的动物及其产品用于食品消费的，或者销售含有违禁药物和兽药残留超标的动物产品用于食品消费的，责令其对含有违禁药物和兽药残留超标的动物产品进行无害化处理，没收违法所得，并处3万元以上10万元以下罚款；构成犯罪的，依法追究刑事责任；给他人造成损失的，依法承担赔偿责任。

第六十四条 违反本条例规定，擅自转移、使用、销毁、销售被查封或者扣押的兽药及有关材料的，责令其停止违法行为，给予警告，并处5万元以上10万元以下罚款。

第六十五条 违反本条例规定，兽药生产企业、经营企业、兽药使用单位和开具处方的兽医人员发现可能与兽药使用有关的严重不良反应，不向所在地人民政府兽医行政管理部门报告的，给予警告，并处5000元以上1万元以下罚款。

生产企业在新兽药监测期内不收集或者不及时报送该新兽药的疗效、不良反应等资料的，责令其限期改正，并处1万元以上5万元以下罚款；情节严重的，撤销该新兽药的产品批准文号。

第六十六条 违反本条例规定，未经兽医开具处方销售、购买、使用兽用处方药的，责令其限期改正，没收违法所得，并处5万元以下罚款；给他人造成损失的，依法承担赔偿责任。

第六十七条 违反本条例规定，兽药生产、经营企业把原料药销售给兽药生产企业以外的单位和个人的，或者兽药经营企业拆零销售原料药的，责令其立即改正，给予警告，没收违法所得，并处2万元以上5万元以下罚款；情节严重的，吊销兽药生产许可证、兽药经营许可证；给他人造成损失的，依法承担赔偿责任。

第六十八条 违反本条例规定，在饲料和动物饮用水中添加激素类药品和国务院兽医行政管理部门规定的其他禁用药品，依照《饲料和饲料添加剂管理条例》的有关规定处罚；直接将原料药添加到饲料及动物饮用水中，或者饲喂动物的，责令其立即改正，并处1万元以上3万元以下罚款；给他人造成损失的，依法承担赔偿责任。

第六十九条 有下列情形之一的，撤销兽药的产品批准文号或者吊销进口兽药注册证书：

（一）抽查检验连续2次不合格的；

（二）药效不确定、不良反应大以及可能对养殖业、人体健康造成危害或者存在潜在风险的；

（三）国务院兽医行政管理部门禁止生产、经营和使用的兽药。

被撤销产品批准文号或者被吊销进口兽药注册证书的兽药，不得继续生产、进口、经营和使用。已经生产、进口的，由所在地兽医行政管理部门监督销毁，所需费用由违法行为人承担；给他人造成损失的，依法承担赔偿责任。

第七十条　本条例规定的行政处罚由县级以上人民政府兽医行政管理部门决定；其中吊销兽药生产许可证、兽药经营许可证、撤销兽药批准证明文件或者责令停止兽药研究试验的，由原发证、批准部门决定。

上级兽医行政管理部门对下级兽医行政管理部门违反本条例的行政行为，应当责令限期改正；逾期不改正的，有权予以改变或者撤销。

第七十一条　本条例规定的货值金额以违法生产、经营兽药的标价计算；没有标价的，按照同类兽药的市场价格计算。

第九章　附则

第七十二条　本条例下列用语的含义是：

（一）兽药，是指用于预防、治疗、诊断动物疾病或者有目的地调节动物生理机能的物质（含药物饲料添加剂），主要包括：血清制品、疫苗、诊断制品、微生态制品、中药材、中成药、化学药品、抗生素、生化药品、放射性药品及外用杀虫剂、消毒剂等。

（二）兽用处方药，是指凭兽医处方方可购买和使用的兽药。

（三）兽用非处方药，是指由国务院兽医行政管理部门公布的、不需要凭兽医处方就可以自行购买并按照说明书使用的兽药。

（四）兽药生产企业，是指专门生产兽药的企业和兼产兽药的企业，包括从事兽药分装的企业。

（五）兽药经营企业，是指经营兽药的专营企业或者兼营企业。

（六）新兽药，是指未曾在中国境内上市销售的兽用药品。

（七）兽药批准证明文件，是指兽药产品批准文号、进口兽药注册证书、允许进口兽用生物制品证明文件、出口兽药证明文件、新兽药注册证书等文件。

第七十三条 兽用麻醉药品、精神药品、毒性药品和放射性药品等特殊药品，依照国家有关规定管理。

第七十四条 水产养殖中的兽药使用、兽药残留检测和监督管理以及水产养殖过程中违法用药的行政处罚，由县级以上人民政府渔业主管部门及其所属的渔政监督管理机构负责。

第七十五条 本条例自 2004 年 11 月 1 日起施行。

饲料和饲料添加剂管理条例

（国务院1999年5月29日发布，2001年11月29日修订，2011年10月26日修订）

第一章 总则

第一条 为了加强对饲料、饲料添加剂的管理，提高饲料、饲料添加剂的质量，保障动物产品质量安全，维护公众健康，制定本条例。

第二条 本条例所称饲料，是指经工业化加工、制作的供动物食用的产品，包括单一饲料、添加剂预混合饲料、浓缩饲料、配合饲料和精料补充料。

本条例所称饲料添加剂，是指在饲料加工、制作、使用过程中添加的少量或者微量物质，包括营养性饲料添加剂和一般饲料添加剂。

饲料原料目录和饲料添加剂品种目录由国务院农业行政主管部门制定并公布。

第三条 国务院农业行政主管部门负责全国饲料、饲料添加剂的监督管理工作。

县级以上地方人民政府负责饲料、饲料添加剂管理的部门（以下简称饲料管理部门），负责本行政区域饲料、饲料添加剂的监督管理工作。

第四条 县级以上地方人民政府统一领导本行政区域饲料、饲料添加剂的监督管理工作，建立健全监督管理机制，保障监督管理工作的开展。

第五条 饲料、饲料添加剂生产企业、经营者应当建立健全质量安全制度，对其生产、经营的饲料、饲料添加剂的质量安全负责。

第六条 任何组织或者个人有权举报在饲料、饲料添加剂生产、经营、使用过程中违反本条例的行为，有权对饲料、饲料添加剂监督管理工作提出意见和建议。

第二章 审定和登记

第七条 国家鼓励研制新饲料、新饲料添加剂。

研制新饲料、新饲料添加剂，应当遵循科学、安全、有效、环保的原则，保证新饲料、新饲料添加剂的质量安全。

第八条 研制的新饲料、新饲料添加剂投入生产前，研制者或者生产企业应当向国务院农业行政主管部门提出审定申请，并提供该新饲料、新饲料添加剂的样品和下列资料：

（一）名称、主要成分、理化性质、研制方法、生产工艺、质量标准、检测方法、检验报告、稳定性试验报告、环境影响报告和污染防治措施；

（二）国务院农业行政主管部门指定的试验机构出具的该新饲料、新饲料添加剂的饲喂效果、残留消解动态以及毒理学安全性评价报告。

申请新饲料添加剂审定的，还应当说明该新饲料添加剂的添加目的、使用方法，并提供该饲料添加剂残留可能对人体健康造成影响的分析评价报告。

第九条 国务院农业行政主管部门应当自受理申请之日起5个工作日内，将新饲料、新饲料添加剂的样品和申请资料交全国饲料评审委员会，对该新饲料、新饲料添加剂的安全性、有效性及其对环境的影响进行评审。

全国饲料评审委员会由养殖、饲料加工、动物营养、毒理、药理、代谢、卫生、化工合成、生物技术、质量标准、环境保护、食品安全风险评估等方面的专家组成。全国饲料评审委员会对新饲料、新饲料添加剂的评审采取评审会议的形式，评审会议应当有9名以上全国饲料评审委员会专家参加，根据需要也可以邀请1至2名全国饲料评审委员会专家以外的专家参加，参加评审的专家对评审事项具有表决权。评审会议应当形成评审意见和会议纪要，并由参加评审的专家审核签字；有不同意见的，应当注明。参加评审的专家应当依法公平、公正履行职责，对评审资料保密，存在回避事由的，应当主动回避。

全国饲料评审委员会应当自收到新饲料、新饲料添加剂的样品和申请资料之日起9个月内出具评审结果并提交国务院农业行政主管部门；但是，全国饲料评审委员会决定由申请人进行相关试验的，经国务院农业行政主管部门同意，评审时间可以延长3个月。

国务院农业行政主管部门应当自收到评审结果之日起10个工作日内作出是否核发新饲料、新饲料添加剂证书的决定；决定不予核发的，应当书面通知申请人并说明理由。

第十条 国务院农业行政主管部门核发新饲料、新饲料添加剂证书，应当同时按照职责权限公布该新饲料、新饲料添加剂的产品质量标准。

第十一条 新饲料、新饲料添加剂的监测期为5年。新饲料、新饲料添加剂处于监测期的，不受理其他就该新饲料、新饲料添加剂的生产申请和进口登记申请，但超过3年不投入生产的除外。

生产企业应当收集处于监测期的新饲料、新饲料添加剂的质量稳定性及其对动物产品质量安全的影响等信息，并向国务院农业行政主管部门报告；国务院农业行政主管部门应当对新饲料、新饲料添加剂的质量安全状况组织跟踪监测，证实其存在安全问题的，应当撤销新饲料、新饲料添加剂证书并予以公告。

第十二条 向中国出口中国境内尚未使用但出口国已经批准生产和使用的饲料、饲料添加剂的，应当委托中国境内代理机构向国务院农业行政主管部门申请登记，并提供该饲料、饲料添加剂的样品和下列资料：

（一）商标、标签和推广应用情况；

（二）生产地批准生产、使用的证明和生产地以外其他国家、地区的登记资料；

（三）主要成分、理化性质、研制方法、生产工艺、质量标准、检测方法、检验报告、稳定性试验报告、环境影响报告和污染防治措施；

（四）国务院农业行政主管部门指定的试验机构出具的该饲料、饲料添加剂的饲喂效果、残留消解动态以及毒理学安全性评价报告。

申请饲料添加剂进口登记的，还应当说明该饲料添加剂的添加目的、使用方法，并提供该饲料添加剂残留可能对人体健康造成影响的分析评价报告。

国务院农业行政主管部门应当依照本条例第九条规定的新饲料、新饲料添加剂的评审程序组织评审，并决定是否核发饲料、饲料添加剂进口登记证。

首次向中国出口中国境内已经使用且出口国已经批准生产和使用的饲料、饲料添加剂的，应当依照本条第一款、第二款的规定申请登记。国务院农业行政主管部门应当自受理申请之日起10个工作日内对申请资料进行审查；审查合格的，将样品交由指定的机构进行复核检测；复核检测合格的，国务院农业行政主管部门应当在10个工作日内核发饲料、饲料添加剂进口登记证。

饲料、饲料添加剂进口登记证有效期为5年。进口登记证有效期满需要继续向中国出口饲料、饲料添加剂的，应当在有效期届满6个月前申请续展。

禁止进口未取得饲料、饲料添加剂进口登记证的饲料、饲料添加剂。

第十三条 国家对已经取得新饲料、新饲料添加剂证书或者饲料、饲料添加剂进口登记证的、含有新化合物的饲料、饲料添加剂的申请人提交的其自己所取得且未披露的试验数据和其他数据实施保护。

自核发证书之日起6年内，对其他申请人未经已取得新饲料、新饲料添加剂证书或者饲料、饲料添加剂进口登记证的申请人同意，使用前款规定的数据申请新饲料、新饲料添加剂审定或者饲料、饲料添加剂进口登记的，国务院农业行政主管部门不予审定或者登记；但是，其他申请人提交其自己所取得的数据的除外。

除下列情形外，国务院农业行政主管部门不得披露本条第一款规定的数据：

（一）公共利益需要；

（二）已采取措施确保该类信息不会被不正当地进行商业使用。

第三章 生产、经营和使用

第十四条 设立饲料、饲料添加剂生产企业，应当符合饲料工业发展规划和产业政策，并具备下列条件：

（一）有与生产饲料、饲料添加剂相适应的厂房、设备和仓储设施；

（二）有与生产饲料、饲料添加剂相适应的专职技术人员；

（三）有必要的产品质量检验机构、人员、设施和质量管理制度；

（四）有符合国家规定的安全、卫生要求的生产环境；

（五）有符合国家环境保护要求的污染防治措施；

（六）国务院农业行政主管部门制定的饲料、饲料添加剂质量安全管理规范规定的其他条件。

第十五条 申请设立饲料添加剂、添加剂预混合饲料生产企业，申请人应当向省、自治区、直辖市人民政府饲料管理部门提出申请。省、自治区、直辖市人民政府饲料管理部门应当自受理申请之日起20个工作日内进行书面审查和现场审核，并将相关资料和审查、审核意见上报国务院农业行政主管部门。国务院农业行政主管部门收到资料和审查、审核意见后应当组织评审，根据评审结果在10个工作日内作出是否核发生产许可证的决定，并将决定抄送省、自治区、直辖市人民政府饲料管理部门。

申请设立其他饲料生产企业，申请人应当向省、自治区、直辖市人民政府饲料管理部门提出申请。省、自治区、直辖市人民政府饲料管理部门应当自受理申请之日起 10 个工作日内进行书面审查；审查合格的，组织进行现场审核，并根据审核结果在 10 个工作日内作出是否核发生产许可证的决定。

申请人凭生产许可证办理工商登记手续。

生产许可证有效期为 5 年。生产许可证有效期满需要继续生产饲料、饲料添加剂的，应当在有效期届满 6 个月前申请续展。

第十六条 饲料添加剂、添加剂预混合饲料生产企业取得国务院农业行政主管部门核发的生产许可证后，由省、自治区、直辖市人民政府饲料管理部门按照国务院农业行政主管部门的规定，核发相应的产品批准文号。

第十七条 饲料、饲料添加剂生产企业应当按照国务院农业行政主管部门的规定和有关标准，对采购的饲料原料、单一饲料、饲料添加剂、药物饲料添加剂、添加剂预混合饲料和用于饲料添加剂生产的原料进行查验或者检验。

饲料生产企业使用限制使用的饲料原料、单一饲料、饲料添加剂、药物饲料添加剂、添加剂预混合饲料生产饲料的，应当遵守国务院农业行政主管部门的限制性规定。禁止使用国务院农业行政主管部门公布的饲料原料目录、饲料添加剂品种目录和药物饲料添加剂品种目录以外的任何物质生产饲料。

饲料、饲料添加剂生产企业应当如实记录采购的饲料原料、单一饲料、饲料添加剂、药物饲料添加剂、添加剂预混合饲料和用于饲料添加剂生产的原料的名称、产地、数量、保质期、许可证明文件编号、质量检验信息、生产企业名称或者供货者名称及其联系方式、进货日期等。记录保存期限不得少于2年。

第十八条 饲料、饲料添加剂生产企业，应当按照产品质量标准以及国务院农业行政主管部门制定的饲料、饲料添加剂质量安全管理规范和饲料添加剂安全使用规范组织生产，对生产过程实施有效控制并实行生产记录和产品留样观察制度。

第十九条 饲料、饲料添加剂生产企业应当对生产的饲料、饲料添加剂进行产品质量检验；检验合格的，应当附具产品质量检验合格证。未经产品质量检验、检验不合格或者未附具产品质量检验合格证的，不得出厂销售。

饲料、饲料添加剂生产企业应当如实记录出厂销售的饲料、饲料添加剂的名称、数量、生产日期、生产批次、质量检验信息、购货者名称及其联系方式、销售日期等。记录保存期限不得少于2年。

第二十条 出厂销售的饲料、饲料添加剂应当包装，包装应当符合国家有关安全、卫生的规定。

饲料生产企业直接销售给养殖者的饲料可以使用罐装车运输。罐装车应当符合国家有关安全、卫生的规定，并随罐装车附具符合本条例第二十一条规定的标签。

易燃或者其他特殊的饲料、饲料添加剂的包装应当有警示标志或者说明，并注明储运注意事项。

第二十一条 饲料、饲料添加剂的包装上应当附具标签。标签应当以中文或者适用符号标明产品名称、原料组成、产品成分分析保证值、净重或者净含量、贮存条件、使用说明、注意事项、生产日期、保质期、生产企业名称以及地址、许可证明文件编号和产品质量标准等。加入药物饲料添加剂的，还应当标明“加入药物饲料添加剂”字样，并标明其通用名称、含量和休药期。乳和乳制品以外的动物源性饲料，还应当标明“本产品不得饲喂反刍动物”字样。

第二十二条 饲料、饲料添加剂经营者应当符合下列条件：

（一）有与经营饲料、饲料添加剂相适应的经营场所和仓储设施；

（二）有具备饲料、饲料添加剂使用、贮存等知识的技术人员；

（三）有必要的产品质量管理和安全管理制度。

第二十三条 饲料、饲料添加剂经营者进货时应当查验产品标签、产品质量检验合格证和相应的许可证明文件。

饲料、饲料添加剂经营者不得对饲料、饲料添加剂进行拆包、分装，不得对饲料、饲料添加剂进行再加工或者添加任何物质。

禁止经营用国务院农业行政主管部门公布的饲料原料目录、饲料添加剂品种目录和药物饲料添加剂品种目录以外的任何物质生产的饲料。

饲料、饲料添加剂经营者应当建立产品购销台账，如实记录购销产品的名称、许可证明文件编号、规格、数量、保质期、生产企业名称或者供货者名称及其联系方式、购销时间等。购销台账保存期限不得少于2年。

第二十四条 向中国出口的饲料、饲料添加剂应当包装，包装应当符合中国有关安全、卫生的规定，并附具符合本条例第二十一条规定的标签。

向中国出口的饲料、饲料添加剂应当符合中国有关检验检疫的要求，由出入境检验检疫机构依法实施检验检疫，并对其包装和标签进行核查。包装和标签不符合要求的，不得入境。

境外企业不得直接在中国销售饲料、饲料添加剂。境外企业在中国销售饲料、饲料添加剂的，应当依法在中国境内设立销售机构或者委托符合条件的中国境内代理机构销售。

第二十五条 养殖者应当按照产品使用说明和注意事项使用饲料。在饲料或者动物饮用水中添加饲料添加剂的，应当符合饲料添加剂使用说明和注意事项的要求，遵守国务院农业行政主管部门制定的饲料添加剂安全使用规范。

养殖者使用自行配制的饲料的，应当遵守国务院农业行政主管部门制定的自行配制饲料使用规范，并不得对外提供自行配制的饲料。

使用限制使用的物质养殖动物的，应当遵守国务院农业行政主管部门的限制性规定。禁止在饲料、动物饮用水中添加国务院农业行政主管部门公布禁用的物质以及对人体具有直接或者潜在危害的其他物质，或者直接使用上述物质养殖动物。禁止在反刍动物饲料中添加乳和乳制品以外的动物源性成分。

第二十六条 国务院农业行政主管部门和县级以上地方人民政府饲料管理部门应当加强饲料、饲料添加剂质量安全知识的宣传，提高养殖者的质量安全意识，指导养殖者安全、合理使用饲料、饲料添加剂。

第二十七条 饲料、饲料添加剂在使用过程中被证实对养殖动物、人体健康或者环境有害的，由国务院农业行政主管部门决定禁用并予以公布。

第二十八条 饲料、饲料添加剂生产企业发现其生产的饲料、饲料添加剂对养殖动物、人体健康有害或者存在其他安全隐患的，应当立即停止生产，通知经营者、使用者，向饲料管理部门报告，主动召回产品，并记录召回和通知情况。召回的产品应当在饲料管理部门监督下予以无害化处理或者销毁。

饲料、饲料添加剂经营者发现其销售的饲料、饲料添加剂具有前款规定情形的，应当立即停止销售，通知生产企业、供货者和使用者，向饲料管理部门报告，并记录通知情况。

养殖者发现其使用的饲料、饲料添加剂具有本条第一款规定情形的，应当立即停止使用，通知供货者，并向饲料管理部门报告。

第二十九条 禁止生产、经营、使用未取得新饲料、新饲料添加剂证书的新饲料、新饲料添加剂以及禁用的饲料、饲料添加剂。

禁止经营、使用无产品标签、无生产许可证、无产品质量标准、无产品质量检验合格证的饲料、饲料添加剂。禁止经营、使用无产品批准文号的饲料添加剂、添加剂预混合饲料。禁止经营、使用未取得饲料、饲料添加剂进口登记证的进口饲料、进口饲料添加剂。

第三十条 禁止对饲料、饲料添加剂作具有预防或者治疗动物疾病作用的说明或者宣传。但是，饲料中添加药物饲料添加剂的，可以对所添加的药物饲料添加剂的作用加以说明。

第三十一条 国务院农业行政主管部门和省、自治区、直辖市人民政府饲料管理部门应当按照职责权限对全国或者本行政区域饲料、饲料添加剂的质量安全状况进行监测，并根据监测情况发布饲料、饲料添加剂质量安全预警信息。

第三十二条 国务院农业行政主管部门和县级以上地方人民政

府饲料管理部门，应当根据需要定期或者不定期组织实施饲料、饲料添加剂监督抽查；饲料、饲料添加剂监督抽查检测工作由国务院农业行政主管部门或者省、自治区、直辖市人民政府饲料管理部门指定的具有相应技术条件的机构承担。饲料、饲料添加剂监督抽查不得收费。

国务院农业行政主管部门和省、自治区、直辖市人民政府饲料管理部门应当按照职责权限公布监督抽查结果，并可以公布具有不良记录的饲料、饲料添加剂生产企业、经营者名单。

第三十三条 县级以上地方人民政府饲料管理部门应当建立饲料、饲料添加剂监督管理档案，记录日常监督检查、违法行为查处等情况。

第三十四条 国务院农业行政主管部门和县级以上地方人民政府饲料管理部门在监督检查中可以采取下列措施：

（一）对饲料、饲料添加剂生产、经营、使用场所实施现场检查；

（二）查阅、复制有关合同、票据、账簿和其他相关资料；

（三）查封、扣押有证据证明用于违法生产饲料的饲料原料、单一饲料、饲料添加剂、药物饲料添加剂、添加剂预混合饲料，用于违法生产饲料添加剂的原料，用于违法生产饲料、饲料添加剂的工具、设施，违法生产、经营、使用的饲料、饲料添加剂；

（四）查封违法生产、经营饲料、饲料添加剂的场所。

第四章 法律责任

第三十五条 国务院农业行政主管部门、县级以上地方人民政府饲料管理部门或者其他依照本条例规定行使监督管理权的部门及其工作人员，不履行本条例规定的职责或者滥用职权、玩忽职守、徇私舞弊的，对直接负责的主管人员和其他直接责任人员，依法给予处分；直接负责的主管人员和其他直接责任人员构成犯罪的，依法追究刑事责任。

第三十六条 提供虚假的资料、样品或者采取其他欺骗方式取得许可证明文件的，由发证机关撤销相关许可证明文件，处5万元以上10万元以下罚款，申请人3年内不得就同一事项申请行政许可。以欺骗方式取得许可证明文件给他人造成损失的，依法承担赔偿责任。

第三十七条 假冒、伪造或者买卖许可证明文件的，由国务院农业行政主管部门或者县级以上地方人民政府饲料管理部门按照职责权限收缴或者吊销、撤销相关许可证明文件；构成犯罪的，依法追究刑事责任。

第三十八条 未取得生产许可证生产饲料、饲料添加剂的，由县级以上地方人民政府饲料管理部门责令停止生产，没收违法所得、违法生产的产品和用于违法生产饲料的饲料原料、单一饲料、饲料添加剂、药物饲料添加剂、添加剂预混合饲料以及用于违法生产饲料添加剂的原料，违法生产的产品货值金额不足1万元的，并处1万元以上5万元以下罚款，货值金额1万元以上的，并处货值金额5倍以上10倍以下罚款；情节严重的，没收其生产设备，生产企业的主要负责人和直接负责的主管人员10年内不得从事饲料、饲料添加剂生产、经营活动。

已经取得生产许可证，但不再具备本条例第十四条规定的条件而继续生产饲料、饲料添加剂的，由县级以上地方人民政府饲料管理部门责令停止生产、限期改正，并处1万元以上5万元以下罚款；逾期不改正的，由发证机关吊销生产许可证。

已经取得生产许可证，但未取得产品批准文号而生产饲料添加剂、添加剂预混合饲料的，由县级以上地方人民政府饲料管理部门责令停止生产，没收违法所得、违法生产的产品和用于违法生产饲料的饲料原料、单一饲料、饲料添加剂、药物饲料添加剂以及用于违法生产饲料添加剂的原料，限期补办产品批准文号，并处违法生产的产品货值金额1倍以上3倍以下罚款；情节严重的，由发证机关吊销生产许可证。

第三十九条 饲料、饲料添加剂生产企业有下列行为之一的，由县级以上地方人民政府饲料管理部门责令改正，没收违法所得、违法生产的产品和用于违法生产饲料的饲料原料、单一饲料、饲料添加剂、药物饲料添加剂、添加剂预混合饲料以及用于违法生产饲料添加剂的原料，违法生产的产品货值金额不足1万元的，并处1万元以上5万元以下罚款，货值金额1万元以上的，并处货值金额5倍以上10倍以下罚款；情节严重的，由发证机关吊销、撤销相关许可证明文件，生产企业的主要负责人和直接负责的主管人员10年内不得从事饲料、饲料添加剂生产、经营活动；构成犯罪的，依法追究刑事责任：

（一）使用限制使用的饲料原料、单一饲料、饲料添加剂、药物饲料添加剂、添加剂预混合饲料生产饲料，不遵守国务院农业行政主管部门的限制性规定的；

（二）使用国务院农业行政主管部门公布的饲料原料目录、饲料添加剂品种目录和药物饲料添加剂品种目录以外的物质生产饲料的；

（三）生产未取得新饲料、新饲料添加剂证书的新饲料、新饲料添加剂或者禁用的饲料、饲料添加剂的。

第四十条 饲料、饲料添加剂生产企业有下列行为之一的，由县级以上地方人民政府饲料管理部门责令改正，处1万元以上2万元以下罚款；拒不改正的，没收违法所得、违法生产的产品和用于违法生产饲料的饲料原料、单一饲料、饲料添加剂、药物饲料添加剂、添加剂预混合饲料以及用于违法生产饲料添加剂的原料，并处5万元以上10万元以下罚款；情节严重的，责令停止生产，可以由发证机关吊销、撤销相关许可证明文件：

（一）不按照国务院农业行政主管部门的规定和有关标准对采购的饲料原料、单一饲料、饲料添加剂、药物饲料添加剂、添加剂预混合饲料和用于饲料添加剂生产的原料进行查验或者检验的；

（二）饲料、饲料添加剂生产过程中不遵守国务院农业行政主管部门制定的饲料、饲料添加剂质量安全管理规范和饲料添加剂安全使用规范的；

（三）生产的饲料、饲料添加剂未经产品质量检验的。

第四十一条 饲料、饲料添加剂生产企业不依照本条例规定实行采购、生产、销售记录制度或者产品留样观察制度的，由县级以上地方人民政府饲料管理部门责令改正，处1万元以上2万元以下罚款；拒不改正的，没收违法所得、违法生产的产品和用于违法生产饲料的饲料原料、单一饲料、饲料添加剂、药物饲料添加剂、添加剂预混合饲料以及用于违法生产饲料添加剂的原料，处2万元以上5万元以下罚款，并可以由发证机关吊销、撤销相关许可证明文件。

饲料、饲料添加剂生产企业销售的饲料、饲料添加剂未附具产品质量检验合格证或者包装、标签不符合规定的，由县级以上地方人民政府饲料管理部门责令改正；情节严重的，没收违法所得和违法销售的产品，可以处违法销售的产品货值金额30%以下罚款。

第四十二条 不符合本条例第二十二条规定的条件经营饲料、饲料添加剂的，由县级人民政府饲料管理部门责令限期改正；逾期不改正的，没收违法所得和违法经营的产品，违法经营的产品货值金额不足1万元的，并处2000元以上2万元以下罚款，货值金额1万元以上的，并处货值金额2倍以上5倍以下罚款；情节严重的，责令停止经营，并通知工商行政管理部门，由工商行政管理部门吊销营业执照。

第四十三条 饲料、饲料添加剂经营者有下列行为之一的，由县级人民政府饲料管理部门责令改正，没收违法所得和违法经营的产品，违法经营的产品货值金额不足1万元的，并处2000元以上2万元以下罚款，货值金额1万元以上的，并处货值金额2倍以上5倍以下罚款；情节严重的，责令停止经营，并通知工商行政管理部门，由工商行政管理部门吊销营业执照；构成犯罪的，依法追究刑事责任：

（一）对饲料、饲料添加剂进行再加工或者添加物质的；

（二）经营无产品标签、无生产许可证、无产品质量检验合格证的饲料、饲料添加剂的；

（三）经营无产品批准文号的饲料添加剂、添加剂预混合饲料的；

（四）经营用国务院农业行政主管部门公布的饲料原料目录、饲料添加剂品种目录和药物饲料添加剂品种目录以外的物质生产的饲料的；

（五）经营未取得新饲料、新饲料添加剂证书的新饲料、新饲料添加剂或者未取得饲料、饲料添加剂进口登记证的进口饲料、进口饲料添加剂以及禁用的饲料、饲料添加剂的。

第四十四条 饲料、饲料添加剂经营者有下列行为之一的，由县级人民政府饲料管理部门责令改正，没收违法所得和违法经营的产品，并处2000元以上1万元以下罚款：

（一）对饲料、饲料添加剂进行拆包、分装的；

（二）不依照本条例规定实行产品购销台账制度的；

（三）经营的饲料、饲料添加剂失效、霉变或者超过保质期的。

第四十五条 对本条例第二十八条规定的饲料、饲料添加剂，生产企业不主动召回的，由县级以上地方人民政府饲料管理部门责令召回，并监督生产企业对召回的产品予以无害化处理或者销毁；情节严重的，没收违法所得，并处应召回的产品货值金额1倍以上3倍以下罚款，可以由发证机关吊销、撤销相关许可证明文件；生产企业对召回的产品不予以无害化处理或者销毁的，由县级人民政府饲料管理部门代为销毁，所需费用由生产企业承担。

对本条例第二十八条规定的饲料、饲料添加剂，经营者不停止销售的，由县级以上地方人民政府饲料管理部门责令停止销售；拒不停止销售的，没收违法所得，处1000元以上5万元以下罚款；情节严重的，责令停止经营，并通知工商行政管理部门，由工商行政管理部门吊销营业执照。

第四十六条 饲料、饲料添加剂生产企业、经营者有下列行为之一的，由县级以上地方人民政府饲料管理部门责令停止生产、经营，没收违法所得和违法生产、经营的产品，违法生产、经营的产品货值金额不足1万元的，并处2000元以上2万元以下罚款，货值金额1万元以上的，并处货值金额2倍以上5倍以下罚款；构成犯罪的，依法追究刑事责任：

（一）在生产、经营过程中，以非饲料、非饲料添加剂冒充饲料、饲料添加剂或者以此种饲料、饲料添加剂冒充他种饲料、饲料添加剂的；

（二）生产、经营无产品质量标准或者不符合产品质量标准的饲料、饲料添加剂的；

（三）生产、经营的饲料、饲料添加剂与标签标示的内容不一致的。

饲料、饲料添加剂生产企业有前款规定的行为，情节严重的，由发证机关吊销、撤销相关许可证明文件；饲料、饲料添加剂经营者有前款规定的行为，情节严重的，通知工商行政管理部门，由工商行政管理部门吊销营业执照。

第四十七条 养殖者有下列行为之一的，由县级人民政府饲料管理部门没收违法使用的产品和非法添加物质，对单位处1万元以上5万元以下罚款，对个人处5000元以下罚款；构成犯罪的，依法追究刑事责任：

（一）使用未取得新饲料、新饲料添加剂证书的新饲料、新饲料添加剂或者未取得饲料、饲料添加剂进口登记证的进口饲料、进口饲料添加剂的；

（二）使用无产品标签、无生产许可证、无产品质量标准、无产品质量检验合格证的饲料、饲料添加剂的；

（三）使用无产品批准文号的饲料添加剂、添加剂预混合饲料的；

（四）在饲料或者动物饮用水中添加饲料添加剂，不遵守国务院农业行政主管部门制定的饲料添加剂安全使用规范的；

（五）使用自行配制的饲料，不遵守国务院农业行政主管部门制定的自行配制饲料使用规范的；

（六）使用限制使用的物质养殖动物，不遵守国务院农业行政主管部门的限制性规定的；

（七）在反刍动物饲料中添加乳和乳制品以外的动物源性成分的。

在饲料或者动物饮用水中添加国务院农业行政主管部门公布禁用的物质以及对人体具有直接或者潜在危害的其他物质，或者直接使用上述物质养殖动物的，由县级以上地方人民政府饲料管理部门责令其对饲喂了违禁物质的动物进行无害化处理，处 3 万元以上 10 万元以下罚款；构成犯罪的，依法追究刑事责任。

第四十八条 养殖者对外提供自行配制的饲料的，由县级人民政府饲料管理部门责令改正，处 2000 元以上 2 万元以下罚款。

第五章 附则

第四十九条 本条例下列用语的含义：

（一）饲料原料，是指来源于动物、植物、微生物或者矿物质，用于加工制作饲料但不属于饲料添加剂的饲用物质。

（二）单一饲料，是指来源于一种动物、植物、微生物或者矿物质，用于饲料产品生产的饲料。

（三）添加剂预混合饲料，是指由两种（类）或者两种（类）以上营养性饲料添加剂为主，与载体或者稀释剂按照一定比例配制的饲料，包括复合预混合饲料、微量元素预混合饲料、维生素预混合饲料。

（四）浓缩饲料，是指主要由蛋白质、矿物质和饲料添加剂按照一定比例配制的饲料。

（五）配合饲料，是指根据养殖动物营养需要，将多种饲料原料和饲料添加剂按照一定比例配制的饲料。

（六）精料补充料，是指为补充草食动物的营养，将多种饲料原料和饲料添加剂按照一定比例配制的饲料。

（七）营养性饲料添加剂，是指为补充饲料营养成分而掺入饲料中的少量或者微量物质，包括饲料级氨基酸、维生素、矿物质微量元素、酶制剂、非蛋白氮等。

（八）一般饲料添加剂，是指为保证或者改善饲料品质、提高饲料利用率而掺入饲料中的少量或者微量物质。

（九）药物饲料添加剂，是指为预防、治疗动物疾病而掺入载体或者稀释剂的兽药的预混合物质。

（十）许可证明文件，是指新饲料、新饲料添加剂证书，饲料、饲料添加剂进口登记证，饲料、饲料添加剂生产许可证，饲料添加剂、添加剂预混合饲料产品批准文号。

第五十条 药物饲料添加剂的管理，依照《兽药管理条例》的规定执行。

第五十一条 本条例自 2012 年 5 月 1 日起施行。

最高人民法院、最高人民检察院关于办理非法生产、销售、使用禁止在饲料和动物饮用水中使用的药品等刑事案件具体应用法律若干问题的解释

（最高人民法院审判委员会第1237次会议、最高人民检察院第九届检察委员会第109次会议通过，自2002年8月23日起施行。法释〔2002〕26号）

为依法惩治非法生产、销售、使用盐酸克仑特罗（Clenbuterol Hydrochloride，俗称“瘦肉精”）等禁止在饲料和动物饮用水中使用的药品等犯罪活动，维护社会主义市场经济秩序，保护公民身体健康，根据刑法有关规定，现就办理这类刑事案件具体应用法律的若干问题解释如下：

第一条 未取得药品生产、经营许可证件和批准文号，非法生产、销售盐酸克仑特罗等禁止在饲料和动物饮用水中使用的药品，扰乱药品市场秩序，情节严重的，依照刑法第二百二十五条第（一）项的规定，以非法经营罪追究刑事责任。

第二条 在生产、销售的饲料中添加盐酸克仑特罗等禁止在饲料和动物饮用水中使用的药品，或者销售明知是添加有该类药品的饲料，情节严重的，依照刑法第二百二十五条第（四）项的规定，

以非法经营罪追究刑事责任。

第三条 使用盐酸克仑特罗等禁止在饲料和动物饮用水中使用的药品或者含有该类药品的饲料养殖供人食用的动物，或者销售明知是使用该类药品或者含有该类药品的饲料养殖的供人食用的动物的，依照刑法第一百四十四条的规定，以生产、销售有毒、有害食品罪追究刑事责任。

第四条 明知是使用盐酸克仑特罗等禁止在饲料和动物饮用水中使用的药品或者含有该类药品的饲料养殖的供人食用的动物，而提供屠宰等加工服务，或者销售其制品的，依照刑法第一百四十四条的规定，以生产、销售有毒、有害食品罪追究刑事责任。

第五条 实施本解释规定的行为，同时触犯刑法规定的两种以上犯罪的，依照处罚较重的规定追究刑事责任。

第六条 禁止在饲料和动物饮用水中使用的药品，依照国家有关部门公告的禁止在饲料和动物饮用水中使用的药物品种目录确定。

附：农业部、卫生部、国家药品监督管理局公告的《禁止在饲料和动物饮用水中使用的药物品种目录》

一、肾上腺素受体激动剂

1. 盐酸克仑特罗（Clenbuterol Hydrochloride）：中华人民共和国药典（以下简称药典）2000 年二部 P605。β2 肾上腺素受体激动药。

2. 沙丁胺醇（Salbutamol）：药典 2000 年二部 P316。β2 肾上腺素受体激动药。

3. 硫酸沙丁胺醇（Salbutamol Sulfate）：药典 2000 年二部 P870。β2 肾上腺素受体激动药。

4. 莱克多巴胺（Ractopamine）：一种β兴奋剂，美国食品和药物管理局（FDA）已批准，中国未批准。

5. 盐酸多巴胺（Dopamine Hydrochloride）：药典 2000 年二部 P591。多巴胺受体激动药。

6. 西巴特罗（Cimaterol）：美国氰胺公司开发的产品，一种β兴奋剂，FDA 未批准。

7. 硫酸特布他林（Terbutaline Sulfate）：药典 2000 年二部 P890。β2 肾上腺受体激动药。

二、性激素

8. 己烯雌酚（Diethylstibestrol）：药典 2000 年二部 P42。雌激素类药。

9. 雌二醇（Estradiol）：药典 2000 年二部 P1005。雌激素类药。

10. 戊酸雌二醇（Estradiol Valcrate）：药典 2000 年二部 P124。雌激素类药。

11. 苯甲酸雌二醇（Estradiol Benzoate）：药典 2000 年二部 P369。雌激素类药。中华人民共和国兽药典（以下简称兽药典）2000 年版一部 P109。雌激素类药。用于发情不明显动物的催情及胎衣滞留、死胎的排除。

12. 氯烯雌醚（Chlorotrianisene）：药典 2000 年二部 P919。

13. 炔诺醇（Ethinylestradiol）：药典 2000 年二部 P422。

14. 炔诺醚（Quinestrol）：药典 2000 年二部 P424。

15. 醋酸氯地孕酮（Chlormadinoneacetate）：药典 2000 年二部 P1037。

16. 左炔诺孕酮（Levonorgestrel）：药典 2000 年二部 P107。

17. 炔诺酮（Norethisterone）：药典 2000 年二部 P420。

18. 绒毛膜促性腺激素（绒促性素，Chorionic Conadotrophin）：药典 2000 年二部 P534。促性腺激素药。兽药典 2000 年版一部 P146。激素类药。用于性功能障碍、习惯性流产及卵巢囊肿等。

19. 促卵泡生长激素（尿促性素主要含卵泡刺激 FSHT 和黄体生成素 LH，Menotropins）：药典 2000 年二部 P321，促性腺激素类药。

三、蛋白同化激素

20. 碘化酪蛋白（Iodinated Casein）：蛋白同化激素类，为甲状腺素的前驱物质，具有类似甲状腺素的生理作用。

21. 苯丙酸诺龙及苯丙酸诺龙注射液（Nandrolonephenylpro – pionate）：药典 2000 年二部 P365。

四、精神药品

22. （盐酸）氯丙嗪（Chlorpromazine Hydrochloride）：药典 2000 年二部 P676。抗精神病药。兽药典 2000 年版一部 P177。镇静药。用于强化麻醉以及使动物安静等。

23. 盐酸异丙嗪（Promethazine Hydrochloride）：药典 2000 年二部 P602。抗组胺药。兽药典 2000 年版一部 P164。抗组胺药。用于变态反应性疾病，如荨麻疹、血清病等。

24. 安定（地西泮）（Diazepam）：药典 2000 年二部 P214。抗焦虑药、抗惊厥药。兽药典 2000 年版一部 P61。镇静药、抗惊厥药。

25. 苯巴比妥（Phenobarbital）：药典 2000 年二部 P362。镇静催眠药、抗惊厥药。兽药典 2000 年版一部 P103，巴比妥类药。用于缓解脑炎、破伤风、士的宁中毒所致的惊厥。

26. 苯巴比妥钠（Phenobarbital Sodium）：兽药典 2000 年版一部

P105。巴比妥类药。用于缓解脑炎、破伤风、士的宁中毒所致的惊厥。

27. 巴比妥（Barbital）：兽药典2000年版一部P27。中枢抑制和增强解热镇痛。

28. 异戊巴比妥（Amobarbital）：药典2000年二部P252。催眠药、抗惊厥药。

29. 异戊巴比妥钠（Amobarbital Sodium）：兽药典2000年版一部P82。巴比妥类药。用于小动物的镇静、抗惊厥和麻醉。

30. 利血平（Reserpine）：药典2000年二部P304。抗高血压药。

31. 艾司唑仑（Estazolam）。

32. 甲丙氨脂（Mcprobamate）。

33. 咪达唑仑（Midazolam）。

34. 硝西泮（Nitrazepam）。

35. 奥沙西泮（Oxazcpam）。

36. 匹莫林（Pemoline）。

37. 三唑仑（Triazolam）。

38. 唑吡旦（Zolpidem）。

39. 其他国家管制的精神药品。

五、各种抗生素滤渣

40. 抗生素滤渣：该类物质是抗生素类产品生产过程中产生的工业三废，因含有微量抗生素成分，在饲料和饲养过程中使用后对动物有一定的促生长作用。但其对养殖业的危害很大，一是容易引起耐药性；二是由于未做安全性试验，存在各种安全隐患。

最高人民法院、最高人民检察院关于办理危害食品安全刑事案件适用法律若干问题的解释

(2013年4月28日最高人民法院审判委员会第1576次会议、2013年4月28日最高人民检察院第十二届检察委员会第5次会议通过，2013年5月2日最高人民法院、最高人民检察院公告公布，自2013年5月4日起施行。法释〔2013〕12号)

为依法惩治危害食品安全犯罪，保障人民群众身体健康、生命安全，根据刑法有关规定，对办理此类刑事案件适用法律的若干问题解释如下：

第一条 生产、销售不符合食品安全标准的食品，具有下列情形之一的，应当认定为刑法第一百四十三条规定的“足以造成严重食物中毒事故或者其他严重食源性疾病”：

（一）含有严重超出标准限量的致病性微生物、农药残留、兽药残留、重金属、污染物质以及其他危害人体健康的物质的；

（二）属于病死、死因不明或者检验检疫不合格的畜、禽、兽、水产动物及其肉类、肉类制品的；

（三）属于国家为防控疾病等特殊需要明令禁止生产、销售的；

（四）婴幼儿食品中生长发育所需营养成分严重不符合食品安全

标准的；

（五）其他足以造成严重食物中毒事故或者严重食源性疾病的情形。

第二条 生产、销售不符合食品安全标准的食品，具有下列情形之一的，应当认定为刑法第一百四十三条规定的“对人体健康造成严重危害”：

（一）造成轻伤以上伤害的；

（二）造成轻度残疾或者中度残疾的；

（三）造成器官组织损伤导致一般功能障碍或者严重功能障碍的；

（四）造成十人以上严重食物中毒或者其他严重食源性疾病的；

（五）其他对人体健康造成严重危害的情形。

第三条 生产、销售不符合食品安全标准的食品，具有下列情形之一的，应当认定为刑法第一百四十三条规定的“其他严重情节”：

（一）生产、销售金额二十万元以上的；

（二）生产、销售金额十万元以上不满二十万元，不符合食品安全标准的食品数量较大或者生产、销售持续时间较长的；

（三）生产、销售金额十万元以上不满二十万元，属于婴幼儿食品的；

（四）生产、销售金额十万元以上不满二十万元，一年内曾因危害食品安全违法犯罪活动受过行政处罚或者刑事处罚的；

（五）其他情节严重的情形。

第四条 生产、销售不符合食品安全标准的食品，具有下列情形之一的，应当认定为刑法第一百四十三条规定的“后果特别严重”：

（一）致人死亡或者重度残疾的；

（二）造成三人以上重伤、中度残疾或者器官组织损伤导致严重功能障碍的；

（三）造成十人以上轻伤、五人以上轻度残疾或者器官组织损伤导致一般功能障碍的；

（四）造成三十人以上严重食物中毒或者其他严重食源性疾病的；

（五）其他特别严重的后果。

第五条 生产、销售有毒、有害食品，具有本解释第二条规定情形之一的，应当认定为刑法第一百四十四条规定的“对人体健康造成严重危害”。

第六条 生产、销售有毒、有害食品，具有下列情形之一的，应当认定为刑法第一百四十四条规定的“其他严重情节”：

（一）生产、销售金额二十万元以上不满五十万元的；

（二）生产、销售金额十万元以上不满二十万元，有毒、有害食品的数量较大或者生产、销售持续时间较长的；

（三）生产、销售金额十万元以上不满二十万元，属于婴幼儿食品的；

（四）生产、销售金额十万元以上不满二十万元，一年内曾因危害食品安全违法犯罪活动受过行政处罚或者刑事处罚的；

（五）有毒、有害的非食品原料毒害性强或者含量高的；

（六）其他情节严重的情形。

第七条 生产、销售有毒、有害食品，生产、销售金额五十万元以上，或者具有本解释第四条规定的情形之一的，应当认定为刑法第一百四十四条规定的“致人死亡或者有其他特别严重情节”。

第八条 在食品加工、销售、运输、贮存等过程中，违反食品安全标准，超限量或者超范围滥用食品添加剂，足以造成严重食物中毒事故或者其他严重食源性疾病的，依照刑法第一百四十三条的规定以生产、销售不符合安全标准的食品罪定罪处罚。

在食用农产品种植、养殖、销售、运输、贮存等过程中，违反食品安全标准，超限量或者超范围滥用添加剂、农药、兽药等，足以造成严重食物中毒事故或者其他严重食源性疾病的，适用前款的规定定罪处罚。

第九条 在食品加工、销售、运输、贮存等过程中，掺入有毒、有害的非食品原料，或者使用有毒、有害的非食品原料加工食品的，依照刑法第一百四十四条的规定以生产、销售有毒、有害食品罪定罪处罚。

在食用农产品种植、养殖、销售、运输、贮存等过程中，使用禁用农药、兽药等禁用物质或者其他有毒、有害物质的，适用前款的规定定罪处罚。

在保健食品或者其他食品中非法添加国家禁用药物等有毒、有害物质的，适用第一款的规定定罪处罚。

第十条 生产、销售不符合食品安全标准的食品添加剂，用于食品的包装材料、容器、洗涤剂、消毒剂，或者用于食品生产经营的工具、设备等，构成犯罪的，依照刑法第一百四十条的规定以生产、销售伪劣产品罪定罪处罚。

第十一条 以提供给他人生产、销售食品为目的，违反国家规定，生产、销售国家禁止用于食品生产、销售的非食品原料，情节严重的，依照刑法第二百二十五条的规定以非法经营罪定罪处罚。

违反国家规定，生产、销售国家禁止生产、销售、使用的农药、兽药，饲料、饲料添加剂，或者饲料原料、饲料添加剂原料，情节严重的，依照前款的规定定罪处罚。

实施前两款行为，同时又构成生产、销售伪劣产品罪，生产、销售伪劣农药、兽药罪等其他犯罪的，依照处罚较重的规定定罪处罚。

第十二条 违反国家规定，私设生猪屠宰厂（场），从事生猪屠宰、销售等经营活动，情节严重的，依照刑法第二百二十五条的规定以非法经营罪定罪处罚。

实施前款行为，同时又构成生产、销售不符合安全标准的食品罪，生产、销售有毒、有害食品罪等其他犯罪的，依照处罚较重的规定定罪处罚。

第十三条 生产、销售不符合食品安全标准的食品，有毒、有害食品，符合刑法第一百四十三条、第一百四十四条规定的，以生产、销售不符合安全标准的食品罪或者生产、销售有毒、有害食品罪定罪处罚。同时构成其他犯罪的，依照处罚较重的规定定罪处罚。

生产、销售不符合食品安全标准的食品，无证据证明足以造成严重食物中毒事故或者其他严重食源性疾病，不构成生产、销售不符合安全标准的食品罪，但是构成生产、销售伪劣产品罪等其他犯罪的，依照该其他犯罪定罪处罚。

第十四条 明知他人生产、销售不符合食品安全标准的食品，有毒、有害食品，具有下列情形之一的，以生产、销售不符合安全标准的食品罪或者生产、销售有毒、有害食品罪的共犯论处：

（一）提供资金、贷款、账号、发票、证明、许可证件的；

（二）提供生产、经营场所或者运输、贮存、保管、邮寄、网络销售渠道等便利条件的；

（三）提供生产技术或者食品原料、食品添加剂、食品相关产品的；

（四）提供广告等宣传的。

第十五条 广告主、广告经营者、广告发布者违反国家规定，利用广告对保健食品或者其他食品作虚假宣传，情节严重的，依照刑法第二百二十二条的规定以虚假广告罪定罪处罚。

第十六条 负有食品安全监督管理职责的国家机关工作人员，滥用职权或者玩忽职守，导致发生重大食品安全事故或者造成其他严重后果，同时构成食品监管渎职罪和徇私舞弊不移交刑事案件罪、商检徇私舞弊罪、动植物检疫徇私舞弊罪、放纵制售伪劣商品犯罪行为罪等其他渎职犯罪的，依照处罚较重的规定定罪处罚。

负有食品安全监督管理职责的国家机关工作人员滥用职权或者玩忽职守，不构成食品监管渎职罪，但构成前款规定的其他渎职犯罪的，依照该其他犯罪定罪处罚。

负有食品安全监督管理职责的国家机关工作人员与他人共谋，利用其职务行为帮助他人实施危害食品安全犯罪行为，同时构成渎职犯罪和危害食品安全犯罪共犯的，依照处罚较重的规定定罪处罚。

第十七条 犯生产、销售不符合安全标准的食品罪，生产、销售有毒、有害食品罪，一般应当依法判处生产、销售金额二倍以上的罚金。

第十八条 对实施本解释规定之犯罪的犯罪分子，应当依照刑法规定的条件严格适用缓刑、免予刑事处罚。根据犯罪事实、情节和悔罪表现，对于符合刑法规定的缓刑适用条件的犯罪分子，可以适用缓刑，但是应当同时宣告禁止令，禁止其在缓刑考验期限内从事食品生产、销售及相关活动。

第十九条 单位实施本解释规定的犯罪的，依照本解释规定的定罪量刑标准处罚。

第二十条 下列物质应当认定为“有毒、有害的非食品原料”：

（一）法律、法规禁止在食品生产经营活动中添加、使用的物质；

（二）国务院有关部门公布的《食品中可能违法添加的非食用物质名单》《保健食品中可能非法添加的物质名单》上的物质；

（三）国务院有关部门公告禁止使用的农药、兽药以及其他有毒、有害物质；

（四）其他危害人体健康的物质。

第二十一条 “足以造成严重食物中毒事故或者其他严重食源性疾病”、“有毒、有害非食品原料”难以确定的，司法机关可以根据检验报告并结合专家意见等相关材料进行认定。必要时，人民法院可以依法通知有关专家出庭作出说明。

第二十二条 最高人民法院、最高人民检察院此前发布的司法解释与本解释不一致的，以本解释为准。

农业部、最高人民法院、最高人民检察院、工业和信息化部、公安部、监察部、交通运输部、国家工商行政管理总局、国家质量监督检验检疫总局、中华全国供销合作总社关于打击违法制售禁限用高毒农药规范农药使用行为的通知

（农农发〔2010〕2号）

各省、自治区、直辖市、计划单列市及新疆生产建设兵团农业（农牧）、农垦厅（局、委、办），人民法院，人民检察院，工业和信息化主管部门，公安厅（局），监察厅（局），交通运输厅（局），工商行政管理局，质量技术监督局，供销合作社，邮政管理局：

农药是重要的农业生产资料，关系到农业生产安全和农产品质量安全。近年来，各地区各部门采取了有力措施，坚决打击制售假劣农药违法犯罪行为，教育农民科学安全使用农药，农药监管工作取得了明显成效。但一些地区农药市场秩序混乱和非法制售禁限用高毒农药的问题仍未彻底解决，给农产品质量安全带来严重隐患。各地区各部门要立即行动，切实加强农药监管，整顿和规范农药市场秩序，严厉打击违法制售禁限用高毒农药行为。现就有关事项通知如下：

一、着力强化农药安全使用指导

各地农业部门要重点加强对蔬菜、水果等鲜食农产品生产企业、农民专业合作社的技术指导，特别是进一步督促其健全和完善农产品生产记录，对生产的农产品进行自检或委托检验，防止不合格农产品上市。要充分利用基层农技推广体系和科技入户工程，大力宣传国家有关法律法规和禁限用农药危害，加大对农民合理使用农药的培训力度，根据农业生产的季节特点，指导农民科学、合理使用农药。要综合运用农业防治、物理防治、生态控制和化学防治等防控措施，大力推广绿色防控和高效、安全施药技术，推进农药“统购、统供、统配和统施”服务，防止滥用、乱用、误用农药，严格执行安全间隔期制度。

二、严格规范农药经营流通行为

各地有关部门要按照职责分工加强对农药经营流通行为的监管。加强对农药经营单位所销售产品的生产许可（生产批准证书）和登记真实性、标签合法性的核查；蔬菜、水果等鲜食农产品主产区要特别重视对禁限用高毒农药的监管。要加强对农药运输的监管，对国家明令禁止生产、使用的高毒农药不得运输，对合法生产、使用的高毒农药要按照危险货物运输的有关规定执行。邮政管理部门要加强对寄递服务企业的监管，督促企业严格执行《禁寄物品指导目录及处理办法》的有关规定，不得违规收寄农药产品。

供销合作社农资企业和邮政企业要严格落实农药经营管理规定，把好农药进货关，推进农药连锁经营和统一采购。工商部门要加强农药经营索证索票制度监督力度。农业、工商部门要加强对农药广告的审查和监管，依法查处虚假违法农药广告。

三、组织开展高毒农药生产企业清理工作

各地工商部门要会同农业等部门对高毒农药生产企业进行清查，重点核查各企业是否具备农药生产定点资质和农药生产条件，所生产的产品是否取得农药登记证、生产许可证或农药生产批准文件，农药产品是否含有禁用成分。对不符合法定条件的，立即责令停止生产，并报请国务院有关部门按照各自职责撤销相应农药生产定点资质、生产许可证、生产批准文件、农药登记证等许可证。生产高毒农药的企业要建立健全高毒农药原料采购以及生产销售台账，掌握高毒农药生产数量和销售流向。

四、切实加强农药产品质量监管

各地有关部门要按照2010年农资打假方案的要求，加强对农药产品质量的监管。要加强对农药生产环节产品质量的监督抽查，重点抽查高毒农药生产企业，强化生产企业质量安全意识，对产品质量不符合要求、多次检查不合格的，列为重点监控对象，实施动态跟踪。要严厉查处侵犯他人注册商标专用权，假冒知名农药特有的名称、包装、装潢或使用与之近似的名称、包装、装潢的行为，及时受理消费者的申诉举报。要加大农药产品质量监督抽查力度，加强农药标签检查。对被抽查产品，要重点检测其中是否含有禁用或限用高毒农药成分。对检查中发现的违法产品，要依照有关规定收缴和销毁，对违规生产经营单位要严肃处理。

五、严厉打击违法生产经营行为

各地要集中力量查处制售假劣农药的重大恶性案件，特别要加大对农药生产“黑窝点”的打击力度，及时曝光查处的典型案例，涉嫌犯罪的要依法及时移交司法机关，坚决杜绝“以罚代刑”。行政执法机关在案件查处过程中，要主动向公安、检察机关通报情况，在移送涉嫌犯罪案件时，要接受监察、检察机关的监督。对于线索明显、事实清楚的重大案件，公安机关要提前介入。检察机关、法院要加大对制售假劣和禁用农药违法犯罪行为的打击力度，特别是对重大恶性案件，要依法从严处理。各级司法机关要注重针对此类犯罪现象的调研，加强法律适用问题的研究，以保证准确、有效地打击犯罪。要坚持属地管理原则，建立责任追究制度，对监管不力的地方，要追究失职渎职的单位和个人的责任，对涉嫌犯罪的，要移送司法机关追究刑事责任。国务院有关部门将组成联合督导检查组，选择重点地区进行督导检查。

各地方各部门要加强工作的协调与配合，及时沟通相关信息，形成工作合力，提升整体监管效能。对跨地区、跨部门的重大案件，要联合行动，重拳出击，确保案件查办到位。要落实农药监管所需工作经费，整合各种项目资源，加强农药产品质量和农药残留检验检测能力建设。要进一步加大对高毒农药禁限用管理规定的宣传力度，增强农药生产、经营、使用者自觉守法意识，及时宣传整治工作成效，为整治工作营造良好的社会舆论氛围。

二〇一〇年四月十五日

禁止生产、销售和使用的农药名单（23种）

六六六，滴滴涕，毒杀芬，二溴氯丙烷，杀虫脒，二溴乙烷，除草醚，艾氏剂，狄氏剂，汞制剂，砷类，铅类，敌枯双，氟乙酰胺，甘氟，毒鼠强，氟乙酸钠，毒鼠硅，甲胺磷，甲基对硫磷，对硫磷，久效磷，磷胺。

在蔬菜、果树、茶叶、中草药材等作物上限制使用的农药名单（19种）

禁止甲拌磷、甲基异柳磷、特丁硫磷、甲基硫环磷、治螟磷、内吸磷、克百威、涕灭威、灭线磷、硫环磷、蝇毒磷、地虫硫磷、氯唑磷、苯线磷在蔬菜、果树、茶叶、中草药材上使用。禁止氧乐果在甘蓝上使用。禁止三氯杀螨醇和氰戊菊酯在茶树上使用。禁止丁酰肼（比久）在花生上使用。禁止特丁硫磷在甘蔗上使用。除卫生用、玉米等部分旱田种子包衣剂外，禁止氟虫腈在其他方面的使用。

任何农药产品都应按照农药登记批准的使用范围使用，禁止超范围使用。

农业部、工业和信息化部、环境保护部、国家工商行政管理总局、国家质量监督检验检疫总局公告第1586号

——关于对高毒农药采取进一步禁限用管理措施的公告

为保障农产品质量安全、人畜安全和环境安全，经国务院批准，决定对高毒农药采取进一步禁限用管理措施。现将有关事项公告如下：

一、自本公告发布之日起，停止受理苯线磷、地虫硫磷、甲基硫环磷、磷化钙、磷化镁、磷化锌、硫线磷、蝇毒磷、治螟磷、特丁硫磷、杀扑磷、甲拌磷、甲基异柳磷、克百威、灭多威、灭线磷、涕灭威、磷化铝、氧乐果、水胺硫磷、溴甲烷、硫丹等22种农药新增田间试验申请、登记申请及生产许可申请；停止批准含有上述农药的新增登记证和农药生产许可证（生产批准文件）。

二、自本公告发布之日起，撤销氧乐果、水胺硫磷在柑橘树，灭多威在柑橘树、苹果树、茶树、十字花科蔬菜，硫线磷在柑橘树、黄瓜，硫丹在苹果树、茶树，溴甲烷在草莓、黄瓜上的登记。本公告发布前已生产产品的标签可以不再更改，但不得继续在已撤销登记的作物上使用。

三、自2011年10月31日起，撤销（撤回）苯线磷、地虫硫

磷、甲基硫环磷、磷化钙、磷化镁、磷化锌、硫线磷、蝇毒磷、治螟磷、特丁硫磷等10种农药的登记证、生产许可证（生产批准文件），停止生产；自2013年10月31日起，停止销售和使用。

农业部

工业和信息化部

环境保护部

国家工商行政管理总局

国家质量监督检验检疫总局

二〇一一年六月十五日